本书获得河北金融学院学术著作出版基金、河北省社会科学基金项目"金融监管体系改革下的互联网金融监管创新研究"（HB19YJ034）的资助

个人征信
监管机制研究

Research on the Supervision
Mechanism of Personal Credit Reporting

刘 超◎著

经济管理出版社
ECONOMY & MANAGEMENT PUBLISHING HOUSE

图书在版编目（CIP）数据

个人征信监管机制研究 / 刘超著 . —北京：经济管理出版社，2023.11
ISBN 978-7-5096-9477-0

Ⅰ . ①个… Ⅱ . ①刘 Ⅲ . ①个人信用—监管机制—研究—中国 Ⅳ . ① F832.4

中国国家版本馆 CIP 数据核字（2023）第 217909 号

组稿编辑：任爱清
责任编辑：任爱清
责任印制：黄章平
责任校对：陈 颖

出版发行：经济管理出版社
　　　　　（北京市海淀区北蜂窝 8 号中雅大厦 A 座 11 层　 100038）
网　　　址：www. E-mp. com. cn
电　　　话：（010）51915602
印　　　刷：唐山昊达印刷有限公司
经　　　销：新华书店
开　　　本：710mm×1000mm /16
印　　　张：11.75
字　　　数：228 千字
版　　　次：2023 年 12 月第 1 版　　 2023 年 12 月第 1 次印刷
书　　　号：ISBN 978-7-5096-9477-0
定　　　价：88.00 元

前言

abstract

现代市场经济既是信用经济也是法治经济。信用是市场经济的基石，对于保障经济健康快速发展意义重大；法治是市场经济的保障，完善的监管体系为市场经济的运行保驾护航，良好的法治环境为经济健康有序发展提供有力保障。个人征信作为整个征信体系的一部分，在社会信用建设中发挥着重要作用，对促进国民经济循环高效畅通、构建新发展格局具有重要意义。我国个人征信建设起步较晚，从 20 世纪 90 年代开始探索，到现在已形成"国家＋市场"的双轨制，市场化的道路仍在探索中。个人征信监管机制伴随个人征信业的发展而出现，尽管个人征信法律制度框架体系已经搭建，个人征信监管体系也已经建立，但个人征信监管机制在快速发展中也存在很多亟待解决的难题，这已经成为制约我国个人征信业健康规范发展的重要因素。个人征信监管机制如何在有效保护被征信人基本权利的同时，又能充分挖掘个人信用信息的潜在价值，同时能够推动个人征信业健康规范发展，是亟须解决的现实而又紧迫的课题。本书在对个人征信监管机制进行理论和实证分析的基础上，通过对美国、欧盟个人征信监管机制进行国际比较，进而研究我国个人征信监管机制发展现状和存在的问题，并提出对策建议。

理论部分在对征信、征信体系、个人征信体系、社会信用体系的内涵进行深入辨析和比较后，首先，重点运用信息不对称、规模经济、普惠金融、公共产品等理论分析征信体系的正外部性；其次，运用征信功能失灵理论分析征信的负外部性及其表征；最后，运用适度监管理论、公平与效率理论和回归性监管理论论证个人征信监管机制能够有效防止征信功能失灵的情况。

实证部分在对个人征信市场的内在影响因素分析的基础上，首先，运用差异比较分析和逻辑回归分析实证研究了影响客户违约的基本因素，并据此证明信息征集的范围边界；其次，从法经济学角度运用数理模型和博弈分析方法论证征信法律制度监管、征信行政监管和行业自律监管的作用机制和三者之间的协同关系，确定法律制度是基础、行政监管是核心、行业自律监管是关键的个人征信监管机制的构建原则；最后，从整体角度运用线性回归实证模型实证分析了我国个人征信监管对信贷市场的影响，结果表明，征信监管机制有助于促进借贷规模，对促进征信市场发展有正向影响。

实践部分通过剖析我国个人征信监管机制的立法与监管体系现状，对我国征信监管面临的挑战性问题做了梳理：个人征信法律制度不够完善、个人征信法律制度对隐私权和个人信息权益保护不到位与个人征信监管体系尚不完备等突出问题。

全书共分六章，第一章直接提出"个人征信监管机制"问题，确立研究方向。第二章为个人征信监管机制的相关概念和理论基础，运用经济学理论和法学理论分析了征信正外部性、征信功能失灵及负外部性以及个人征信监管机制，形成了理论阐释的逻辑闭环。第三章至第五章是在美国和欧盟个人征信监管机制比较基础上对我国个人征信监管机制进行的现实考察。通过对美国、欧盟个人征信模式、个人征信监管机制（监管法律框架、监管体系）等进行系统性分析并分别总结出经验与不足。第五章在分析我国个人征信模式的基础上研究我国个人征信监管机制中的立法演进情况和监管体系情况，并通过评析阐释目前个人征信监管机制面临的挑战。第六章是运用实证分析个人征信监管机制的冲突和平衡，运用数理模型、博弈分析和线性回归实证模型论证个人征信监管机制的作用机理，阐明协调的征信监管对征信市场发展具有促进作用，并实现了理论延伸。第七章首先分析美国和欧盟的监管经验带给我国个人征信监管的启示；其次从加强以事先预防为立法基点的平衡模式，分"两步走"提高征信立法层级，适当放松市场化征信机构的准入，细化个人信息处理规范、保障征信主体权益和构建协调的个人征信监管体系等方面提出适合我国国情的对策建议。第八章为结论，对本书的研究内容进行了归纳和总结。

本书有以下四个创新之处：一是将个人征信定位于社会信用体系建设的发展格局中，将征信监管置于社会治理的大格局中。本书将我国征信与社会信用体系建设的国情相结合，在相关法律制度的定位、设计、平衡、协调、缺失等方面以及监管行为的协调性有效性方面与社会信用体系建设深度融合。二是理论研究较为系统且体现了经济学和法学之间交叉研究的有效衔接。在研究个人征信监管机制的理论方面，从经济学的研究角度以正负外部性原理进而转换为法学的研究视角，体现了逻辑的层层递进，形成了理论逻辑闭环。三是通过国际比较，通过探寻国际个人征信监管机制的一般规律，将一般规律转换为适合我国国情的个人征信监管机制建设的特殊规律，为我国个人征信监管机制建设在实践方面提出不同视角的对策建议。四是在实践层面提出了提升我国立法层次的"两步走"策略，即第一步先实现征信核心法律与其他相关法律的协调，第二步在外部立法环境适宜时再进行统一的征信立法。

目录
● CONTENTS ■

第一章 绪论

第一节 选题背景和意义

一、选题背景

现代市场经济既是信用经济也是法治经济。信用是现代市场飞速发展的基础，市场交易活动大多以信用为前提，反映了信用关系的延伸，事实上，当代市场经济是建立在各种错综复杂的信用关系基础上的经济活动。因此，可以说信用是市场经济的基石，良好的信用体系能够促进经济健康快速地发展。法治建设思想逐渐渗透到现代市场经济，其中健全的法治经济体系对经济的健康发展起到了至关重要的作用。但法治经济体系建设中的一些问题仍然存在，甚至蔓延到其他领域，例如，失信问题已成为影响和制约社会经济持续健康发展的顽疾。

中国人民银行征信中心对征信定义为：征信是指参与信用活动的有关机构根据相关法律法规对法人、加工的自然人等其他类似组织进行信用信息收集、整理、保存，并结合信息内容提供信用报告、评估、咨询等信用专业服务的一系列工作活动，通过征信活动能够帮助他人防范信用风险，并为相关信用管理工作提供数据信息支持。可见，自然人（个人）征信和企业征信是征信中的两个重要主体，在我国社会信用体系建设中，个人征信体系是社会信用体系重要的组成部分。

2004 年，中国人民银行对原有银行信贷登记咨询系统进行升级，逐步推进全国集中统一企业征信系统建设，同时，开始对个人征信系统进行集中统一建设。2006 年，全国集中统一的企业和个人征信系统建设工作初见成效，实现了企业和个人征信系统全国联网运行。2006 年 3 月，中国人民银行征信中心成立，该组织机构作为中国人民银行设立的直属事业单位，专门负责征信管理工作，这标志着我国已经逐渐建成较完善的覆盖企业和个人、由专门运行机构负责的征信服务框架体系。

移动互联网和大数据的发展催生了新业态如网络借贷产业和数据信息产业。

随着消费信贷需求的快速增长、信息技术的高速发展以及数据采集处理技术的进步等因素，我国个人征信市场发展也有了新进展。从整体上来看，我国个人征信的市场化实践也经历了"收—放—收"的过程，《征信业管理条例》明确个人征信实行牌照制，央行颁发个人征信业务经营许可证持审慎态度，要求严格按照相关监管法规颁发。2015 年中国人民银行下发《关于做好个人征信业务准备工作的通知》，明确"放闸"市场化征信，以 6 个月为期，要求芝麻信用管理公司等八家征信机构严格按照《征信业管理条例》和《征信机构管理办法》进行准备工作，依法合规从事个人征信活动，这标志着民营征信机构即将被允许开展个人征信业务，中国个人征信业的市场化大门逐渐打开。拥有大量数据和信息的大型互联网公司，开始积极"试水"这一业务。但 2017 年个人征信市场再次收紧，无任何一家民营征信企业获得牌照，主要原因在于这八家企业存在"数据孤岛"、信息误采误用以及主体治理结构不具独立性等情况。2018 年 2 月，央行官网公告，央行批准百行征信有限公司可以开展个人征信业务。2020 年 12 月 25 日，中国人民银行对外宣布，朴道征信有限公司获批个人征信业务许可。民营征信机构的参与为个人征信业注入了新鲜血液。中国人民银行征信中心未能覆盖的人群，民营征信机构却可以覆盖，由此民营征信机构与中国人民银行征信中心的对象形成互补。

对比个人和企业信用信息数据库建设的推进进程，我国征信行业的立法却经历了更为漫长的跋涉过程。根据域外征信监管经验，个人征信业的市场化与法治化同等重要，在实现征信市场化的同时，更要实现征信法治化。我国征信业立法启动甚至早于征信数据库的建设，但出台法律过程却伴随着曲折的过程。征信业的行业条例自 2002 年开始启动，直至 2013 年相关条例才出台，其中原因不外乎有两个：就宏观层面而言，征信立法是个复杂的系统工程，不可能一蹴而就；就微观层面而言，当时多层次的征信市场结构造成了多系统和多头监管，导致其中所牵涉的法律法规和内部规则难以实现平衡。2008 年全球金融危机对国际市场秩序造成很大影响，这也给国内金融市场敲响了警钟，个人征信体系的建设刻不容缓，而完善的行业监管与立法同样重要。2013 年，酝酿十年的《征信业监管条例》颁布，这标志着我国征信业步入"有法可依"的轨道。《征信业监管条例》以保护个人信用信息主体权益为宗旨，分别针对市场准入要求，个人信息采集、查询范围，不良信息提供以及信用信息异议、投诉，保障信息的准确和安全等多个环节制定了详细的规定，为个人征信业务的管理工作提供了法律依据。当《征信业监管条例》颁布后，我国征信业进入了快速发展的数字征信时代，新的征信形势不断涌现。目前，征信管理仍存在以下问题：征信规则不明确，征信边界不清晰、征信信息主体保护不到位等，虽然可以借助新的技术手段进行管理，但政府监管效果有待提升，如何更好地加强征信监管力度，提升征信管理效果，已成为全社会面临的一项重大课题。2021年，《征信业务管理办法》审议通过，该办法的颁布有利于厘清业务合规边界、准确把握监管尺度以及及时调整未来业务发展方向，征信监管法律体系日趋完整。目前，我国已经初步建立以《征信业管理条例》为核心，多部门规章制度、规范性文件和工作文件以及地方立法构成的个人征信法律制度体系，这为明确个人征信机构的法律地位、工作运行规程、维护被征信人基本权利等提供了制度保障；《中华人民共和国民法典》《中华人民共和国个人信息保护法》《中华人民共和国数据安全法》等法律的颁布和实施，也为个人信息保护、数据保护逐步筑牢法治屏障。

在监管体系构成上，我国形成了央行统一监管的政府监管模式。根据《征信业管理办法》第四条，"中国人民银行（以下称国务院征信业监督管理部门）及其派出机构依法对征信业进行监督管理。"但在实践中，我国仍然采取审慎监管为主的分业监管模式，该模式具有条块清晰、权责明确的优点，但也存在"一刀切"的机械性、片面性等问题，既不能满足征信市场需求，也不符合兴起的互联网征信领域要求。

百年来，个人征信是人们为了维护市场秩序、提高经济效率而凝结的智慧结晶，我国个人征信建设与社会信用建设同向而行、相伴而生，体现了鲜明的中国特色。伴随市场化的放开，个人征信监管也面临诸多挑战，诸如怎样把握信息的收集方式、使用范围、隐私保护程度，如何保护个人信息权益等问题。同时，在监管实践中，被征信人的信息权与征信机构的征信权之间有无矛盾，个人权利与公权力之间有无冲突等也是亟待解决的问题。从监管体系的角度来看，国外监管体系对于我国的征信监管实践有无借鉴意义，征信监管与征信机构发展之间的矛盾如何协调统一，有没有更适合我国国情的监管机制等，这些问题都是需要不断探索和解决的现实问题。

二、选题意义

由于我国个人征信起步较晚，且处于迅速发展过程中，因此在国际个人征信监管实践中我国个人征信发展属于后发国家，个人征信业的发展仍在探索中前进，个人征信运行机制和规则体系还处于发展过程中，在征信模式选择、政府责任界定、征信监管体系结构等方面仍存在较大争议。其中，市场设计缺乏体系化、信用法律法规及监管体系协同性较差、监管手段简单化等问题，既影响了征信市场的公信力，也影响了我国监管机制的有效形成。本书通过研究个人征信监管机制，主要想解决以下四个问题：

第一，个人征信法律制度是社会主义市场经济法律体系的重要组成部分，构建个人征信监管机制，对丰富和完善社会主义市场经济的法治化建设具有重要意义。通过在中国特色社会主义市场经济建设中实施信用信息的流通和信用信息共享，在一定程度上可以遏制市场信息不对称情况，进而遏制逆向选择和道德风险问题的发生概率，从而为经济稳定运行、信用关系维护提供良好的条件。征信法治建设要以"保护产权、维护契约、统一市场、平等交换、公平竞争、有效监管"为基本导向，构建适合我国市场经济发展的个人征信法律制度体系，这对我国社会主义市场经济法治化建设理论的丰富和深化也有积极意义。

第二，厘清与个人征信法律制度密切相关的一些理论问题，有助于深化对个人征信监管机制的原理研究。个人征信监管机制的基本理论不仅来源于实践，也指导着实践。尽管自社会信用体系建设开始以来，我国个人征信业已经取得了实质意义上的进展，但伴随着实践发展，一些比较突出的理论问题也逐渐呈现，日益对监管机制作用的发挥产生着不利影响，亟待深入研究。其中，涉及个人征信制度中的法律关系、信用主体的基本权利、个人征信机构的法律地位和运作模式以及个人征信中的权利冲突与平衡等。

第三，有效促进被征信人的权利保护、促进个人征信机构规范发展。被征信人因为多重身份被赋予多种权利。在征信中，被征信人既是债务人，也是信用消费者，还是信息主体，因此被征信人依法享有信用权、个人信息权、隐私权等权利。在征信监管机制中，通过保护个人信用信息来实现对信用主体权利的保护，但从目前我国个人征信法律制度层面和实践中的保护效果层面来看，被征信人的权利并不能得到充分保护，同时在"政府＋市场"双轨制运行的新情况下，个人征信机构规范发展仍有较长的路要走。本书通过完善个人征信监管机制中诸如健全个人征信机构信息处理全过程的规则设定、优化监管手段和构建多层次监管等方式，实现对被征信人的权利保护和个人征信机构规范发展的双重目标。

第四，有助于提高对个人征信行为进行监管的效率，有利于实现征信市场良性发展。历史经验告诉我们，通过提高政府监管个人征信行为的有效性，能够确保个人征信机构依法运作，充分保护被征信人权利，进而促进金融发展，提升征信市场活力和市场效率。

第二节 国内外文献综述

一、信息不对称相关理论

市场经济发展了几百年，一直都是处于信息不对称的情况之下。1921 年，美国经济学家 Frank H. knight 在《风险、不确定性和利润》一书中对风险和不确定性的区分和描述，将信息经济学的思想引入了现代经济学的殿堂中。到了 20 世纪 60 年代，美国经济学家 H.A.Simon、K. J. Arrow 等第一次对传统经济学的完全信息假定提出了质疑；20 世纪 70 年代，George A. Akerlof、Michael Spencer、James A. Mirrlees、S. J. Grossman 和 G. J. Stigler 等经济学专家结合前人的研究成果，针对信息不对称条件下交易关系和契约安排等信息经济学进行了理论探索和实践应用研究，信息不对称可以导致逆向选择和道德风险。

1970 年，美国经济学家 George A. Akerlof 首次在信息经济学中提出"柠檬市场"（The Market to Lemons）的概念，并使用该概念对次品市场进行分析，George A. Akerlof 提出在市场中存在信息不对称现象，因此，出现了较明显的逆向选择行为，这种不良行为导致高质量产品被逐渐驱逐出市场，市场上的产品质量持续下降，最终低质量产品占领市场，直至市场萎缩。Hirshleifer（1973）从微观经济学的角度，认为不确定性可以概括为个人主观概率（或信念）在世界可能状态上的分布（传播），提出信息是由倾向于改变这些概率分布的事件组成。

Lu 等（2010）使用 2001~2006 年的美国数据，考察了信息不确定性和信息不对称性对公司债券收益率利差的影响，当控制变量时，投资者对信息不确定性和信息不对称性收取了显著的风险溢价，即使在控制信用评级的情况下，结果也是稳健的，信息的不确定性和不对称性有助于结构性信贷模型解释短期债券的收益率差。

Ravi 等（2014）认为，公司与投资者之间以及投资者之间可能存在信息不对称。一方面，如果公司和投资者之间的信息不对称程度很高，那么所有投资者基本上都不知情，因此投资者之间的不对称程度应该很低；另一方面，如果所有投资者都充分了解公司的情况，那么投资者之间的信息不对称性也应该很低。该研究发现了支持企业与投资者之间以及投资者与投资者之间信息不对称的非线性关系的证据。随着公司和投资者之间信息不对称性的增加，投资者与投资者之间的信息不对称性增加，然后下降。

Korkeamäki（2014）通过检查 2003~2011 年中国借贷人发放的贷款的银团结构，研究当地信用评级是否缓解快速增长的中国市场固有的信息不对称。尽管对中国信用评级的质量存在普遍批评，但研究结果表明，其在减少企业内部人士和外部借贷人之间的市场信息不对称方面发挥了重要作用。

1976 年，Rothschild 等指出，可以通过签订契约的方式解决信息不对称问题，签订契约可以帮助缺乏信息的一方了解和甄别另一方的真实信息，从而实现市场均衡。

二、信用信息共享相关理论

Pagano 等（1993）使用逆向选择模型，分析了提高银行对信贷申请人信息的了解从而减少逆向选择。该研究分析出贷款人分享借贷人信息的动机与借款人的流动性和异质性、信贷市场的规模以及信息技术的进步是呈正相关的。同时还表明征信系统的网络效应随着该系统加入者的数量增多，而效用增加。信息共享是一种自然垄断，它是由对潜在进入者竞争的恐惧造成的，并且是由信息处理技术中降低成本的创新促成的。这些预测与消费信贷市场的国际和历史证据一致。同时进一步分析，当逆向选择严重到安全借贷人退出市场时，信息共享会增加贷款量。Padilla 等（1997）对贷款人之间是否会内生出信息共享机制问题进行了研究。他们认为如果银行对他们的客户拥有信息垄断，银行可以通过承诺与其他贷款人共享私人信息来纠正借贷人会由于担心被过高利率剥削而减少努力的问题，同时认为信息共享引发的激烈竞争会降低银行未来的利率和利润，但如果银行保持最初的信息优势，他们当前的利润将因借贷人的更大努力而提高，并指出这种权衡决定了银行共享信息的意愿。

贷款人和借贷人之间的信息不对称会妨碍信贷分配的有效性，不少学者做了相关研究。Padilla 等（2000）分析了债权人经常分享客户信用信息既是一种惩戒手段，其也可以通过分享发现不良风险。在已知债权人会相互通知违约情况下，借贷人必须考虑一次违约会破坏其与所有其他贷款人的信用评级。这一方面增加了债权人的共享动力，另一方面也说明分享更详细的信息可以减少惩戒效应。同时分析出如果只披露过去的违约情况时，借贷人的履约动机更大，通过"微调"共享信息的类型和准确性，贷款人可以将借贷人的激励提高到最佳水平。Klein（1992）分析了信用信息共享能激励借贷人，进而满足银行的利益。当银行受到法律环境影响而无法执行信贷合同时，信用信息共享机制可以在一定程度上发挥作用，信用信息共享能够激励借贷人偿还贷款。借贷人偿还贷款是因其知道已知违约者将被列入失信人名单，这在未来会减少从外部融资的机会。Doblas-Madrid 等（2013）使用来自美国信贷局的数据调查了贷款人信息共享对公司在信贷市场表现的影响。贷款人交错进入该局提供的自然实验，以确定贷款人改善信息获取的效果。该研究结果支持了 Padilla 等（1997，2000）和 Pagano 等（1993）的预测，信息共享减少了尤其是当企业信息不透明时的合同违约；研究结果还表明，信息共享不会减少担保的使用，也就是说，它可能不会放松贷款标准。王建明（2004）认为，我国基础信用信息主要分散在各政府部门，存在信息公开程度差，信息使用存在垄断和寻租的问题，以及存在隐私、商业秘密和国家机密界限不清等问题，不能实现较好的公开与共享，这直接束缚了征信行业的发展。

信息共享的类型。研究普遍认为共享信息可分为两类：一类是正面信息，另一类是负面信息。Vercammen（1995）构建了道德风险和逆向选择类模型，通过数据分析得出以下结论：道德风险和逆向选择与信用历史有关，且信用历史对两者的影响存在负面效应，但随着时间的推移，影响性逐渐减小。Padilla 等（2000）指出，单纯共享正面信息或负面信息都不能对企业产生最优影响，只有客观反映真实信息，将正面信息和负面信息同时发布才能达到最优。Jappelli 等（2000）对39 个国家的样本信息进行研究，分析信贷市场中不同信息的共享和可变指标，表明有信息和数据交换的国家信用风险较低，通常违约率与信息共享指标呈负相关关系。因此，信息共享使消费信贷市场空间更广泛。

Shleifer 等（2007）研究了信息共享的模式，研究认为世界上一半以上的国家（几乎所有发达国家）都建立了信息共享模式，不同的国家信息共享模式不同，但大致可分为强制交换信息共享模式和自发交换信息共享模式。使用强制交换信息共享模式的国家有德国和法国等，这些国家的中央银行在信息共享中发挥着关键作用，通过建立由政府出资的公共征信模式，授权征信机构强制收集信息。使用自发交换信息共享模式的国家有英国和美国等国家，这些国家的私营征信发展较发达，自发交换信息共享模式充分发挥了市场在信息交易中的主导地位，通过市场机制实现各主体间信息的收集和交易。

还有学者对信用信息的空间和时间范围进行了研究。Vercammen（1995）以信息使用时限为切入点，研究信息共享与消费者福利的影响。研究表明，银行披露信息的数量与消费者的口碑效应之间存在关联性；信息共享的范围越大，银行制定差别化利率政策就越准确。同时，不同信用等级的客户对信息使用期限长短的期望存在差异，信用等级好的客户希望延长信息使用期限，信用等级差的客户希望缩短信息使用期限。因此，在确定信息共享的最佳时限时，应综合衡量不同信用等级的客户需求。在实践中，大多数国家都规定了信用信息的期限。

三、征信体系具有正负外部性

（一）征信体系具有促进金融发展的正外部性

为避免逆向选择、道德风险，降低信贷配给程度，促进金融资源的高效配置，需要解决信息不对称问题，使借贷机构可以掌握借贷人的充分信息，因此，产生了征信业务需求。

金融信息共享在解决逆向选择和道德风险问题方面十分有效。Jappelli 等（2002）证明，贷款人之间的信息共享可以减少不良选择和道德风险，从而增加贷款并降低违约率。利用来自私营征信机构和公共征信登记处的新的专门构建的数据来证明，无论信息共享机制是私人的还是公共的，在贷款人共享信息的国家，银行贷款更高，信用风险更低。Houston（2010）对收集到的 69 个国家的 2400 家银行的数据进行分析，研究表明实施信息共享对降低逆向选择和道德风险问题的发生产生了积极作用。另外，信息共享机制还可以帮助银行降低经营风险，促进经济健康稳定增长。Brown 等（2010）首次对信贷市场中的信息不对称和竞争如何影响借贷人之间的自愿信息共享进行了系统的实证分析，通过建立实验性的信贷市场探讨信息共享可以帮助借贷机构对借贷人地优劣进行区分，同时论证了是信息不对称因素而不是借贷机构之间的竞争因素驱动了信息共享行为，显著增加了借贷机构之间信息共享的频率，因此，贷款机构不应过分看重竞争因素，而应建立信用信息共享与合作机制。此结论也反映了建立信用信息共享体系的重要性、必要性和可行性。Pagano 等（1993）通过对信贷市场信用信息共享的实际效果的研究证明，信息共享机制的缺乏会导致严重的逆向选择问题，信用信息共享机制的建立与信贷规模存在关联性，且信息共享机制越完善，信贷规模越大；反之亦然。

有学者对征信系统与融资约束关系进行了分析。Galindo 等（2001）通过数理模型分析了信用信息系统对公司信贷可用性的影响，得出结论：征信系统的存在和有效运行会降低大型企业的融资约束。熊鹏翀等（2022）认为，融资约束是企业经营发展的"拦路虎"，征信制度的完善为缓解企业融资难题提供了一条可行路径，同时依据手工收集整理的世界银行征信数据，考察了私营征信机构与公立征信机构对企业融资约束的作用差异及影响私营征信机构建立的因素。

学者使用不同类型的跨境数据研究了信用信息共享机制在信贷市场中发挥的不同作用。从宏观数据研究角度来看，Jappelli 等（2002）对 43 个国家信用报告进行调查，提出以下结论：在信用信息共享更加稳定和广泛的国家，银行会向私营部门提供更多贷款，违约率更低。Djankov 等（2007）选择了 129 个国家

1978~2003 年的数据进行实证研究，并证实私营部门信贷与信息共享呈正相关。中国人民银行（2009）的一项研究显示，信用共享机制对银行的经营产生积极促进作用，研究阐述了荷兰、加拿大和美国在扩大信贷规模、提升信贷效率、降低信贷成本方面的经验。

从微观数据研究角度来看，Love 等（2003）和 Miller（2003）分析了公司层面的数据，研究发现信用信息共享对私人征信机构与公共征信机构的信贷可用性影响存在差异，在私人征信机构中，规模越小的公司，低融资约束与高银行融资存在越明显的相关关系。此外，随着市场环境的不断变化，越来越多的学者开始研究债权、信用信息共享与商业银行承担风险间的关系。对征信机构的微观研究同样证明信息共享可以促使借贷人遵守协议、降低违约概率，同时会降低征信机构成本。Barron 等（2002）通过使用益百利数据库提供的相关数据构建了信用评分模型，结合实证研究分析结果，学者们提出信息共享机制能够降低违约发生概率的结论。Kallberg（2003）以邓白氏公司为研究对象，对其信用数据进行研究，并有效预测了违约模型精确度。Brown 等（2007）则针对信用报告的作用进行了研究，得到信用报告能够降低交易成本、预测贷款风险等结论。上述研究通过对征信机构数据的分析进行实证，信用报告使银行预测个人贷款违约情况更为准确，从而降低了直接成本。

信用信息共享制度产生的效应在财富程度存在差异的国家呈现不同特征。2003 年，世界银行报告显示：私营征信的发展与所在国的财富程度具有相关性。在某些国家，银行业集中度较高，私营征信机构的数量相对较少。国家的法律相对完善，贷款人的权力越大，信贷市场发展越好。在相对贫穷的国家中，信息共享制度的影响比贷款人权力的影响更显著；但在相对富裕的国家中，贷款人权力的影响比信息共享制度的影响更显著。

Jappelli 等在 2000~2002 年对公共征信系统和私营征信机构之间的作用关系进行了深入研究。Jeppelli 等（2000a）的研究认为，公共征信系统的建立可以通过强制性的刺激竞争获得高收益进而抑制垄断；研究同时表明，可以通过降低银行评估信贷风险方面错误而使银行体系更为稳定。在 2000 年的另一项研究中，Jeppelli 等（2000b）对欧洲公共征信系统和私营征信系统做了直接调查和问卷调查，研究表明，欧洲隐私保护法极大地影响了贷款人之间共享信息的数量和类型，公共征信机构的实用性被私营跨国信息共享机构取代的概率逐渐增加。2002 年，Jappelli 等从实践的宏观层面出发，在 43 个国家征信机构信息反馈的基础上进一步检验了征信系统对信贷市场绩效的综合影响，指出在建立了公共征信系统的国家中，仅有 30% 的国家同时建有私营征信机构，而没有公共征信系统的国家则有 65% 的国家成立了私营征信机构。同时研究证明，公共信息共享在债权保护相对薄弱、执法力度不强的国家极为重要。它可以作为一些司法权缺失的替代品。在信用报告系统覆盖范围广的国家，借贷人从商业银行获得的贷款数额相对更多，违约风险相对更低。在借贷人之间没有私人信息共享机制或共享覆盖范围非常有限的国家，公共信用报告机构发展较为迅速，但在私人信息共享较为完善的国家，公共信息共享制度的发展相对滞后，从实证结果来看，公共信贷机构发展和私人信贷机构发展间存在互补关系。

（二）征信体系也具有负外部性

信息共享具有很多优点，同时也会衍生出一些负面问题。Padilla 等（1997）建立两阶段模型对相关数据进行分析，指出信息共享机制可使银行在第一阶段中受益，但使银行在第二阶段中竞争加剧，从而降低借贷人的融资成本，降低银行效益。Jappelli 等（2000）的研究成果也得到类似的结论，学者指出共享信息会使金融机构失去客户信息独占性的优势，从而使其丧失竞争优势，因此，越来越多的金融机构不愿意实施信息共享。

四、个人征信业的发展模式相关研究

目前，学术界对域外个人征信发展模式的研究相对一致，大多分为三分法或四分法。其中，四分法是指以美国为代表的市场征信模式、以法国为代表的公共征信模式，以日本为代表的会员征信模式和以德国为代表的混合征信模式。尼古拉·杰因茨（2009）总结了现有的研究，提出了三种可识别的不同类型的征信系统：①复合系统：公共信用登记系统和私营征信机构相复合的多元化征信系统；②私营系统：只有私营征信机构；③公共系统：只有公共信用登记系统。同时尼古拉·杰因茨还提出影响国家选择不同类型征信制度的关键在于历史因素。

李俊丽（2007）将征信模式划分为市场主导的美国的私人征信模式、日本的会员制的私人征信模式和欧盟的政府主导的公共征信模式。叶世清（2010）也做了上述类似划分。李朝晖（2008）通过比较美国、欧洲国家和日本的三种征信模式，指出不同国家的经济发展水平、法律传统和立法理念对国家征信监管体系的形成产生重要影响。陈实（2012）对国际个人征信体系进行梳理，分别讨论了政府主导、市场主导和行业主导的这三类国际个人征信体系模式，将公共和私立征信机构进行比较研究，认为私立征信机构具有市场适应性强、数据更全面等优点，而公共征信机构更加重视对金融系统的监管以及对消费者隐私权的保护。

五、个人征信监管机制相关研究

（一）个人征信法律保护水平与征信发展的关系

众多学者也研究了法律保护水平与金融市场和经济增长之间的关系。法律保护水平等制度环境对银行信贷行为及风险的考量角度不同，则产生的影响也存在差异。从借贷人需求来看，以合法权益保护为代表的法律保护水平越高，借贷人的信贷需求越低，债务人的风险承受能力降低，导致银行经营更加保守，信贷扩张速度较慢和业务风险水平处于较低状态。从银行供给角度来看，以知识产权保护为代表的法律保护水平越高，银行信贷规模越大，银行的经营业绩也相应提升，但带来的负面问题是银行的资本充足率降低，最终导致银行风险上升。法律制度的建设和完善以及加强对银行资本的监管等具有重要意义。Levine（1999）论证了金融中介机构在拥有法律和监管体系的国家发展得更好：高度保护债权人实现其债权、能够有效执行合同、公司财务能够实现增长。数据还表明，法律和监管环境作为金融中介发展的外生成分与经济增长呈正相关。因此，在法律保护比较健全的国家，金融中介机构往往能够得到更好的发展。Levine（2005）指出，法律执行效率的改善能够使金融中介信贷成本降低，进而带来信贷规模的扩大。Beck 等（2005）发现，在投资者权利缺乏法律保护的国家，企业将面临更高的外部融资壁垒。龙海明等（2017）通过对全球 102 个国家 2004~2012 年的面板数据进行分析，采用系统 GMM 方法研究了征信系统和法律权利保护对银行信贷规模和信贷风险的影响。结果表明：从整体上来看，征信制度在促进银行信贷规模增长的同时，也促使银行承担更多的风险。但相对于信用报告的深度和广度，它在扩大信用规模和降低信用风险方面有更好的表现。公共信用报告系统和私人信用报告系统的混合信用报告系统是更为合理和现实的选择。合法权益的保护不仅扩大了信贷规模，也降低了信贷风险。它与信用报告制度的共存对信贷市场有积极的影响。

（二）个人征信监管法律制度

我国个人征信监管立法情况和研究。早期只有民商法、行政法、经济法等领域的相关法律法规，以及实施水平较低的个人征信地方性法规，缺乏对个人征信行业的基本监管条例，因此，学术界对征信法律制度的研究主要集中在征信立法的必要性、可行性、具体框架设计等方面。2013 年出台《征信业管理条例》，扭转了中国征信行业无法可依的局面，但随着市场环境的不断变化及法律法规的不断深入实施，又凸显一些新问题。学术界对个人征信法律制度的研究重点集中于如何完善个人征信法律制度。在《中华人民共和国民法典》《中华人民共和国个人信息保护法》等法律颁布后，学术界对隐私权和个人信息权的保护内容和适用性进行了深入研究。王利明（2021）认为，《中华人民共和国个人信息保护法》是一部全面保护个人信息的专门性立法，《中华人民共和国个人信息保护法》在总结《中华人民共和国民法典》等立法经验的基础上，借鉴了欧盟《通用数据保护条例》[①]等比较法的经验，在扩张个人信息的保护范围、严格保护敏感个人信息、确认个人在个人信息处理活动中的各项权利、强化个人信息处理者义务、规范国家机关的个人信息处理行为以及个人信息跨境流动等方面形成了亮点和创新。

对征信法律制度的基本理论即征信立法的法律性质进行的研究。关于征信法的性质，存在征信法是经济法、民商法或者行政法三种观点，还未达成统一共识。李振东（2011）和杜微（2002）等认为，鉴于征信法律兼有公法和私法的特性，用经济法理论指导征信法治建设，既有理论基础，又有现实需要，征信法律属于经济法范畴。还有学者认为征信法律属于民商法。秦辉等（2003）和艾茜（2002）等认为，把征信法纳入商法范畴符合征信法本质，如果把它纳入经济法，易造成国家对征信业干预过多的局面。王利明（2021）认为，《中华人民共和国个人信息保护法》是公法和私法的混合，其私法部分以《中华人民共和国民法典》特别法的形式进一步丰富和发展了个人信息保护规则。

学者们对征信立法的必要性做了大量研究，多数学者在论述立法必要性时，从征信立法对征信业发展、维持市场经济秩序以及社会信用体系建设等方面产生的良性影响进行了研究。贾玉红（2021）认为，征信本身的特点决定了征信业需要征信立法特别规制。征信业的特点主要有公共行业属性、业务的专业性和敏感性以及征信机构强势地位和市场导向等特殊性。罗艾筠（2016）认为，将征信活动纳入法律框架，不仅能有效地推动市场经济的不断更新，使市场经济不断规范化、法治化，而且有利于建立一个公开透明的社会环境和市场环境，增强人们的自由参与意识。白云（2013）运用经济学的基本理论进行分析，认为在信用经济中人们的经济行为往往存在时间间隔，交易中的信息是信用的前提与基础，克服信息不对称的主要手段是为市场提供制度设计，个人征信体系的建立是为市场提供信用信息的制度，制度的建立与运行需要法律的保障，建立个人征信法律制度我们需要明确个人征信的法律原则与法律关系，以促进个人征信体系的健康发展。部分学者还强调了信用立法对保护个人信用信息的重要性，例如，周晚香（2008）认为，在市场经济时代，既保障个人的信

---

① 《通用数据保护条例》（*General Data Protection Regulation*，*GDPR*）又称《一般数据保护条例》。

息能为市场的资源优化配置提供条件，又不对公民的隐私权造成侵害是相当必要的。

有关征信立法的法律价值，刘李明（2014）认为，征信立法具有公平导向、效率导向和秩序导向，集中体现了征信法律制度的社会作用和基本使命。高燕（2009）认为，从社会信用状况和征信业发展的实际出发，我国建立征信法律制度应当坚持效率优先，同时要兼顾公平。

在中外征信立法比较研究方面，李清池等（2008）认为，信息分享与隐私权保护有必要共同强化，协调发展，基于美国和欧盟的征信立法经验比较分析基础上提出完善我国征信法律程序等立法建议。白春乐（2009）通过对以欧洲大陆国家为代表的公共模式和以美国、英国为代表的民营模式进行比较分析后提出，在美国经验的基础上结合我国国情提出建立健全我国个人征信体系的建议。随着我国金融创新改革步伐不断加快以及互联网技术的深化使用，以互联网金融为代表的新型金融业态模式不断涌现，对社会征信服务需求量不断增加。唐明琴等（2013）将《征信业管理条例》的内容和美国、欧洲国家征信法律的主要内容进行了比较，分析了不同立法倾向给征信业可能带来的深远影响。叶治杉（2021）基于美国经验指出，需要加强征信业各环节机制建设，不断完善征信业法律体系及行政监管，加强社会诚信文化建设；注重金融科技在征信业的应用场景，加强金融科技征信模式的安全性防护以促进我国征信行业的健康发展。曾韵梦（2022）在比较美国、欧盟和日本的征信体系基础上，提出了要形成科学的法律体系、合理的适用机制、透明的技术正当程序和有效的多元征信监管机制。在《中华人民共和国个人信息保护法》出台后，基于美国和欧洲国家征信体系比较的学者们也提出了相应观点。丁晓东（2022）认为，《中华人民共和国个人信息保护法》在借鉴欧美立法的同时，具有回应中国实践需求的实用主义导向。虽然《中华人民共和国个人信息保护法》与欧盟《通用数据保护条例》在表面与形式上高度相似，但并非后者的翻版，欧盟立法的风险防范以人格与身份为核心，而《中华人民共和国个人信息保护法》则注重保护人格和财产安全等多项权益；同时比较了中国、美国个人信息保护立法的情况，认为虽然存在显著差异，但也有若干共同点；总体而言，解释与适用该法律，应坚持实用主义、风险规制、公私法合作治理、场景化适用等解释原理。

国外个人征信监管的立法研究。美国、英国、法国、日本等发达国家的征信业发展较为迅速，征信业相关法律制度建设也相对完善。中国征信法律制度建设可以在考虑中国国情的基础上借鉴域外的经验和做法。在有关美国的征信法律的研究中，廖理（2020）认为，美国征信市场以市场导向为原则，在立法目标上寻求借贷人和出借人之间的权利平衡，立法宗旨是在未贷款方、第三方机构正常运作留有适度空间的同时还要考虑保护信息主体的隐私权等基本权利，由此其立法大体上分为建立健全征信体系的法律和保护金融消费者信贷权益的法律。还有学者认为，美国的征信法律体系具有法律的分散性、信用监管机构多元化、在同意权上主要采用"选退"方式、修正速度快等特点。关于欧盟国家的征信法律的研究中，邹芳莉（2012）认为，由于"二战"经历欧盟国家高度重视隐私权，确立了最为严厉的数据保护制度，欧盟实行统一立法模式，保护公共部门和私人部门的个人信息。刘荣等（2011）认为，欧盟国家对于征信行业的监管和消费者保护的法律设计普遍包括监管机构权力、数据报送机构义务、征信机构义务、信息当事人权利以及跨境数据流动等监管内容。

关于国外征信立法的比较研究，较多集中于美国和欧盟的对比。一般认为，欧盟比美国对个人权利的保护更为严格，《通用数据保护条例》堪称欧盟的数据宪章，同时也被认为史上最严格的数据保护立法。闫海等（2012）认为，与美国的自律规范相比，欧盟更强化个人信息管制范围，并进行自上而下的强制性监管。总体上，虽然欧盟和美国个人信用征信立法在立法价值取向、立法及具体制度设计上有差异，但是欧盟和美国征信立法基础都是实现个人信用征信和金融隐私权保护的平衡。江宇等（2014）认为，美国和新兴市场国家的征信法律制度侧重于激发市场活力，而欧洲各国的征信法律则侧重于个人数据（信息）保护。

（三）个人征信监管体系研究

国外征信监管一般具有行政监管和自律监管并行的特点，主要体现在欧盟和美国的监管体系中。境外政府对金融征信机构监管重点是业务，西方学者对个人征信监管的研究主要集中于如何保护个人信用信息。此外，学者们也针对不同国家和地区对个人信用信息保护程度的差异及其形成的原因进行了深入研究和探讨。Pagano 等（1997）认为，一系列旨在保护机密信息或个人隐私的法律条款都对信用信息的提供和使用施加了明显的限制。相关法律条款在欧洲内部以及美国和欧洲国家之间差异很大，巨大的差异对征信行业的发展产生了一定的影响。例如，法国的征信行业发展相对缓慢，因此，法国拥有严格的隐私法，此法律限制了私人信贷机构的发展。从历史上来看，借贷人隐私保护的程度确实影响了信用报告机构的发展。几乎所有地方都对信贷机构的活动进行监管，以防止侵犯个人隐私和公民自由。芬兰和澳大利亚的隐私保护法为消费者提供了广泛的保障，这些保障不仅限制了对用户信息的收集和使用，也对信贷行业发展产生了消极影响。尼古拉·杰因茨（2009）认为，根植于美国和欧盟关于隐私和个人信息的文化概念影响了对征信监管的内容，这是美国和欧盟个人信用监管政策截然不同的重要原因。美国倾向于将个人信息视为一种经济信息，而欧洲将个人隐私视为人权问题，因此，欧盟的决策者需要平衡实施个人信用信息交换带来的积极影响和消极影响。

对于我国个人征信的政府监管的探讨，学者们着重讨论了个人征信模式选择和个人征信法律制度对个人征信的监管的影响。在《征信业管理条例》出台之前，对个人征信业监管的研究主要集中于是否需要监管以及如何监管这两个问题。随着征信业的发展和外部环境的变化，征信业监管的必要性更加突出，从而使个人征信行业的学术监管重点落在如何完善已有的监管框架上。《中华人民共和国个人信息保护法》出台之后，征信监管也发生了一定的变化。

学者们就我国征信业监管范围、内容、监管水平和监管创新进行了阐释。李清池等（2008）提出，用征信法规加强征信业监管的具体对策。艾茜（2008）提出了个人征信监管的主要范围和内容。万存知（2017）提出，个人征信市场需要实行分类监管，并且应加强对个人征信机构的监管力度，对企业征信机构的监管力度可酌情降低。彭星（2016）在分析《通用数据保护条例》的设计理念和条款后，提出应完善我国征信监管法律法规体系，提升征信监管水平。蒋红珍（2021）认为，个人信息保护法中的行政监管有两个鲜明特点：一是将监管者本身纳入监管；二是个人信息保护法既设置传统的个案式监管，也强调监管者的规制决策权和规制工具的多元性，体现出监管模式的创新。

部分学者提到行业自律是征信业监管的重要组成方面。黄卓（2018）认为，完善征信法律法规、实行分类监管是十分必要的，但除此之外还需要发挥行业协会的作用，推动行业自律管理。叶世清（2010）在分析中国征信市场监管时，认为在完善监管手段方面，仍要注意建立并充分发挥行业协会的作用。李俊丽（2010）认为，我国政府应尽快推动个人征信行业协会的建立，最终实现行业自律主导管理。孔婷（2017）在借鉴美国、日本、德国三个国家征信自律模式的基础上，提出完善自律机制、注重公信力建设和打造会员信用评价体系的构建征信业协会的路径。

有学者提出应构建具有我国特色的监管机制。赵以邠等（2023）指出，经过十多年的发展，尽管我国已形成双轮驱动、双重发展的具有中国特色的个人征信体系，但仍然面临法律保障、运行机制、有效供给、信息保护和全覆盖的挑战，当前我国在大力建设中国特色个人征信市场体系，其基本特征和内涵主要包括政治性和人民性、法治化和专业化、全覆盖和全场景、基础性和普惠性，站在新的历史起点上，要锚定"覆盖全社会的征信系统"的建设目标，贯彻"以人民为中心"的发展思想和"征信为民"的理念，建立健全法律法规体系，推动"政府＋市场"互联互通，保障金融消费者合法权益，加强数据安全保护，培育全民信用意识，推动中国特色个人征信市场高质量发展。

（四）完善我国个人征信监管机制的相关研究

《征信业管理条例》《征信机构管理办法》《征信机构监管指引》的出台，使中国在个人征信领域有了征信法律框架。近年来，学者们对中国征信立法现状进行研究，一致认为我国征信法律制度建设仍存在一定局限性，需要持续性改进。李理等（2015）、叶治杉（2021）认为，我国的征信法律制度存在征信法规不健全、存在效力级别偏低等局限性。

关于我国征信法律制度的基本内容的研究方面。艾茜（2008）认为，个人征信法律制度是一项综合性极强的法律制度，涉及民法、商法、刑法和行政法惩治功能的征信法律制度。此外，学者们普遍认为，征信法律法规应明确征信业的性质、法律地位、市场准入条件、高管和从业人员的任职资格、业务范围、主管部门，还应界定政务公开信息与国家机密，企业公开信息与商业秘密、消费者公开信息与个人隐私之间的界限，要明确征信违法的法律责任，明确政府部门和征信机构在收集和提供有关信息方面的责任与义务，更要明确征信机构的业务规则。

学者们也探讨了我国的征信立法层级问题，并从不同视角提出对策建议。征信法立法层级直接反映了立法者对征信业在现代市场经济生活中作用的认识和重视程度，学者们普遍认为我国征信立法层次较低。杜微（2002）认为，征信立法应当是法律，而不是行政法规或部门规章。类延村等（2021）认为，我国社会征信高位阶法律缺失，征信法律法规体系不完善，在一定程度上削弱了征信活动的社会认同和适用范围。熊文邦（2020）认为，我国制定征信法的时机还不成熟，应在法律层面先实现与民商法、经济法等领域的适应和协调。王伟（2021）基于专家立法建议稿，提出我国应继续制定一部社会信用法。吴晶妹（2022）从社会信用体系建设的关键—政务诚信、重要目标—社会治理、运行基础—"三大征信体系"的角度，提出了我国应出台"信用行政监督法""全民正义诚信法""统一征信法"三大信用法律的思考与构想。

关于我国个人征信监管体系的完善方面。针对市场准入，万存知（2017）提出，必须严把市场准入关。但也有学者提出不同意见，邓建鹏（2022）从激发征信活力的角度，指出个人征信业的严格准入机制不利于防范金融风险、不利于优化营商环境，提出推动征信行业市场化应减少监管者对市场准入的过度干预，确保市场主体金融公平，监管重点由准入管制调整为对行业的事中事后监管。吕雅茹（2020）提出，改进对征信机构的监管方式，弥补监管漏洞，要通过完善对征信机构的准入和退出进行全程监管以及完善对征信机构业务行为的监管进行。

部分学者针对个人信用修复机制进行了研究，主要集中于信用修复内容、国际信用修复经验等和我国的信用修复机制完善等。宋哲泉等（2019）指出，信用修复机制主要用于为信用主体修改信用报告中不全面或者负面信息。杨岩等（2017）认为，信用修复机制通过支持失信主体主动开展纠错行为，推动联合惩戒工作。吴琪等（2015）、单建军（2020）等在国际经验基础上，结合我国实际，从明确信用修复机制的顶层设计、完善信用修复制度体系、建立市场化信用修复组织、搭建信用修复平台、加强信用修复宣传教育、改进异议处理程序、健全投诉机制等方面提出加强我国信用修复建设。王伟（2019b）还认为，应完善我国信用修复机制，对违约失信行为和违法失信行为的修复进行概念界定，从而有效区分两者，针对不履行约定义务的行为和违反法定义务的行为设定不同的信用修复程序。

六、文献评述

综合现有个人征信监管机制的研究文献来看，对个人征信的研究已引起越来越多学者的关注。特别是近年来，随着中国个人征信市场的放开和新兴金融技术的发展，与个人征信监管相关的研究已成为个人征信领域研究的重点。然而，以往研究大多关注单一视角的个人征信市场研究，缺乏全球视角下对个人征信市场的多元化研究。国内研究成果大多是结合国外个人征信市场的发展历程进行经验研究，缺乏结合中国国情的针对性、本土性研究；在研究方法上，国内研究仅从单一定性或定量角度进行分析，缺少定性与定量相结合的研究成果；另外，由于研究对象的差异，不同类型的个人征信市场特征不同，学者的研究结论呈现差异性，缺少统一研究框架下的个人征信市场研究。总体而言，现有文献主要存在以下五点研究不足：

第一，征信市场研究的理论体系性不足。现有研究大多是针对某一征信市场对其征信产品、征信服务、征信体系建设等具体研究对象进行的研究，研究成果聚焦解决具体实际问题或结合国外研究经验提出相应解决方案，研究缺乏体系性。

第二，针对征信功能失灵和负面效应的研究较为缺乏。现有研究对征信系统进行研究时忽视了对研究前提和假设条件的确定，另外，征信系统具有明显溢出效应特征，有可能对个人隐私信息、企业商业机密、国家金融安全等方面产生不同程度影响，但现有研究成果缺乏对征信功能失效及其负面影响的分析。

第三，针对现阶段我国个人征信监管的系统性研究较少。随着市场经济的发展，中国个人征信行业逐步发展壮大，"政府＋市场"双轮驱动的征信市场组织格局初步形成。然而，随着金融科技的快速发展，中国个人征信行业面临有效覆盖不足、"数据孤岛"、制度不完善等问题。与此同时，金融业的开放也加剧了个人征信行业的竞争，加强立法工作、建立行业监管协调机制、调整行业发展规划已成为中国个人征信市场建设的重中之重。可以说，西方国家具有100多年的征信监管历程，而我国只经历了短短20余年。综合文献来看，外部环境的急速变化，导致对我国个人征信监管进行的研究出现了系统性缺乏和相对孤立性研究较多的特点。

第四，针对个人征信监管进行的经济学与法学的交叉研究较少。现有个人征信监管方面的研究更多的是从经济学角度或者法学角度进行的，综合运用经济学原理和法学原理进行的深入的交叉研究较少。

第五，对于社会信用体系建设与个人征信监管之间的适应性、匹配性、协调性方面的研究较少。社会信用体系建设是我国在社会治理过程中首次提出的概念，对个人征信提出了一个全新的认识视角。但我国个人征信体系建设、监管机制均应与社会信用体系建设相匹配和适应，但从目前的研究成果来看，针对社会信用体系和征信体系建设之间关系的理论研究与实践研究都缺乏系统性。

第三节　研究内容与研究方法

一、研究内容

本书旨在对个人征信监管机制的理论和实证分析的基础上，研究我国个人征信监管机制发展现状和存在的问题，在对美国、欧盟征信监管机制进行国际比较的基础上提出解决的对策建议。全书共分六个部分。

第一部分（第一章）直接提出"个人征信监管机制"问题，确立研究方向。

第二部分（第二章）为个人征信监管机制的相关概念和理论基础，第二章运用经济学理论和法学理论分析了征信正外部性、征信功能失灵和负外部性以及个人征信监管机制，形成了理论阐释的逻辑闭环。

第三部分（第三章至第五章）是在美国和欧盟个人征信监管机制比较基础上对我国个人征信监管机制进行的现实考察。第三章和第四章通过对美国、欧盟的个人征信模式、个人征信监管机制（监管法律框架、监管体系）等进行系统性分析并分别总结出经验与不足。第五章在我国个人征信模式的探索与发展的基础上研究了我国个人征信监管机制中的立法演进和监管体系现状，并通过评析阐释目前征信监管面临的挑战。

第四部分（第六章）是运用实证分析个人征信监管机制的冲突和平衡，运用数理模型、博弈分析和线性回归实证模型分析了个人征信监管机制的内在冲突与平衡方式，并实现了理论延伸。

第五部分（第七章）首先分析了美国和欧盟的监管经验带给我国个人征信监管的启示；其次从加强以事先预防为立法基点的平衡模式，分"两步走"提高征信立法层级，适当放松市场化征信机构的准入，细化个人信息处理规范、保障征信主体权益和构建协调的个人征信监管体系提出适合我国国情的对策建议。

第六部分（第八章）为本书的结论，对本书的研究内容进行了归纳总结。本书的研究思路框架见图 1-1。

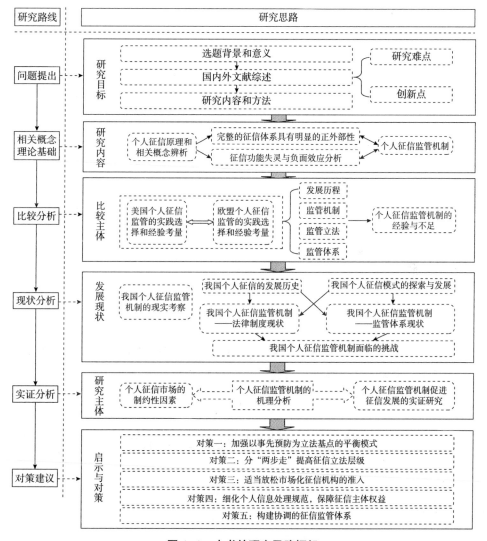

图 1-1　本书的研究思路框架

二、研究方法

（一）法律解释学研究方法

在准确理解征信相关法律条文基本含义、主体内容、内在逻辑、立法精神的基础上，通过正确、合理运用法律法规，对征信、个人征信体系、被征信人权利等基本概念进行有效界定。

（二）比较研究方法

基于大陆法律体系和海洋法律体系的异同，通过对比分析我国、美国和欧盟个人征信历史渊源、发展情况、运行模式、监管手段、实践路径及法律制度等方面，从中剖析现存个人征信监管的问题，并提出相应对策建议。

（三）法律经济学研究方法

对于个人征信监管的研究大量涉及法律制度问题，同时征信的发展与金融的发展二者相辅相成，金融领域的个人征信监管既属于经济学范畴，也具有明显的法律属性，而法律经济学正是用经济学阐述法律问题的有效手段，法律经济学成为个人征信监管需要运用的重要研究方法之一。

（四）实证和规范相结合研究方法

实证分析主要分析了征信监管对于促进金融发展的作用影响。对征信的内涵与外延进行了清晰的规则界定，研究了征信的本质问题。

第四节　研究难点与创新点

一、研究难点

本书的研究难点在于以下两点：

（1）研究数据和信息的获取。在研究过程中，有效获取研究数据是一个比较困难的问题，如实证研究数据、美国与欧盟法律相关数据信息等，经过多方查找、咨询获取了一定量的研究数据。

（2）对国外监管法律机制的梳理。美国和欧盟国家征信监管机制分别体现出不同的特点，且在法律制度梳理方面，需要花费大量时间和精力做出比对整理。

二、研究创新之处

本书的创新之处在于以下四点：

（1）将个人征信定位于社会信用体系建设的发展格局中，将征信监管置于社会治理的大格局中，本身较新且具有研究价值。党的二十大明确提出，完善产权保护、市场准入、公平竞争、社会信用等市场经济基础制度，优化营商环境，显示了社会信用体系建设的重要性，也彰显了社会信用对实现中国式现代化的基础性支撑作用。目前我国个人征信业处于市场化初建阶段，随着征信业的变化和金融科技的发展，在公共征信体系与社会化征信体系共同发展的过程中，本书的创新之处是将我国征信与社会信用体系建设的国情相结合，在相关法律制度的定位、设计、平衡、协调、缺失等方面以及监管行为的协调性和有效性方面与社会信用体系建设深度融合。

（2）理论研究较为系统且体现了经济学和法学之间交叉研究的有效衔接。在研究个人征信监管机制的理论方面，从经济学的研究角度以正负外部性原理进而转换为法学的研究视角，体现了逻辑的层层递进，在逻辑上形成了闭环。很多研究从经济学或者法学的角度进行研究，本书从经济学与法学的交叉研究上进行了尝试，论证了完善征信监管机制有效性这一问题。

（3）通过国际比较，探寻国际个人征信监管的一般规律，进而将一般规律转换为适合我国国情的个人征信监管机制建设的特殊规律。国外个人征信发展已有100多年的历史，虽然遵循各自发展轨迹，体现了不同发展特点，进而个人征信监管也有不同特征。本书对以私人征信市场发达的美国和以公共征信系统为主流的欧盟国家进行了深入比较分析，在此基础上，提出适合我国个人征信监管机制的对策建议。为适合个人征信业市场化程度较低的现状，创新性地提出应降低准入门槛，适当增加个人征信机构数量引入竞争机制，以提高征信产品的有效供给；在个人征信法律制度的方面提出应坚持征信权与隐私权之间的动态平衡，并针对征信行为过程提出适合我国征信体系的对策建议；在提高政府行为监管有效性方面，提出建立协调机制等。

（4）实践中提出了我国提升立法层次的"两步走"策略：第一步先实现征信核心法律与其他法律的协调，第二步在外部环境适宜时再进行统一的征信立法。

第二章　个人征信监管机制的相关概念和理论基础

金融起源与发展的过程揭示了由于社会分工的不断发展，促进企业生产率明显上升，可有效防范金融风险、维护金融稳定，在一定程度上可带动经济高质量发展。本书以个人征信监管机制的理论为基础，以征信功能对金融影响的正外部影响为主线，通过厘清征信、征信体系、个人征信体系、社会信用体系的内涵和外延概念及其之间的关系，进一步探讨征信体系对金融影响的正外部性，探讨征信体系对金融发展、征信功能失灵造成的负面效应。为构建关于个人征信监管机制模式提供基础，以实现现代市场经济稳定发展。

第一节　个人征信原理和相关概念辨析

一、征信及相关概念的界定

（一）征信的语义含义

《左传·昭公八年》中有言"君子之言，信而有征，故怨远于其身"，这是我国最早有据可查的"征信"一词。"征"就是征集、验证的含义，"信"就是诚信、信用的含义，"信而有征"也成为一个成语，意思是可靠而且有证据，彼时含义更多的指道德层面。改革开放之后，"征信"被赋予了更多内容，由此"征"字的含义与"征兵""征税""征稿"等的含义又有了更多不同，体现在征集信用信息后的进一步证明、验证资信和信用情况。Credit 在英文文献中具有征信意义的词汇，但英文使用中该词汇更多用于形容词或者名词短语，如信用信息共享（Credit Information Sharing）、信用报告（Credit Reporting）、征信调查（Credit Investigation）等。在日语中，征信则被直接表述为"信用调查"，包含狭义的"信用审查"和广义的有征信机构进行的有关信誉度和应收账款的信用额度的调查。

我国《征信业管理条例》将征信定义为"对企业、事业单位等组织（以下统称企业）的信用信息和个人的信用信息进行采集、整理、保存、加工，并向信息使用者提供的活动"。从表述上来看，1993年对征信的理解更多侧重于"采集、整理、保存、加工、使用"的狭义过程，而并未揭示出征信的广义含义。通过对比英文、日文对征信的含义理解，同时结合其他国家征信业和我国征信业发展实际，本书认为，征信指依法采集、整理、保存、分析、加工自然人、法人及其他组织的信用信息（主要为债权债务信息），并对其进行信用评估或者评分、对外提供信用报告和信用信息咨询等活动，以帮助客户对信用风险进行判断并作出正确交易决定的活动。

（二）"征信"的深层次内涵

内涵意义以概念意义为基础，但又不独立于概念意义而存在。从征信概念延伸出对征信深层次内涵的把握，以下将从征信的内容、主体、服务对象和对其主要目标的把握基础上，将征信的深层次内涵概括为以下五个方面：①从征信的内容上讲，征信主要体现的是将个人、企业和其他组织在商务、金融、法律法规的遵守、社交和互联网等领域的经济社会活动信用记录的征集、记录和加工、使用的过程；②征信的主体，一类是公共征信机构，另一类是私营征信机构，两类主体均是独立于信用信息的提供者和使用者专门从事信用信息服务的第三方机构；③征信信息提供主体，是指向征信机构提供信息的单位和个人和其他组织；④征信信息来源渠道，信用信息主要来源于政府部门、金融机构、企业、互联网领域等；⑤征信服务的对象，是信用交易的参与者与政府部门，征信机构提供的是征信产品和服务。从征信活动的内容、征信主体、征信信息提供主体、来源渠道和服务对象可以较为完整地理解征信的深层次内涵。征信活动围绕着信用信息共享进行，征信机构通过采集足够的信用信息而加工成信用报告，为信用服务对象提供征信服务，因此征信活动的核心是信用信息共享。建立征信普遍认为的主要目标是用于防范以下三种风险：①降低信息不对称程度、降低信用风险；②实现守信激励、失信惩戒的社会机制；③避免金融系统性风险的出现。

（三）征信的分类

征信有多种分类方式，根据现有实践和学者研究情况，大致有以下四种分类情况：

（1）依据信息收集渠道的差异，可以将征信分为企业征信和个人征信。具体来说，企业征信，即企业通过已依法收集、整理、保存相关企业法人或组织的信用信息，帮助相关客户判断、预防信用风险的信用管理的活动。个人征信，即指通过依法设立的个人信用征信机构采集、加工个人信用信息，并依据用户要求为用户提供信用信息查询和评估服务的活动。值得说明的是，两种业务并非独立进行，部分国家两种业务类型可由一个机构完成，同时也有部分国家将两种业务类型分开进行。

（2）根据征信服务对象差异，将征信分为信贷征信、商业征信、雇用征信以及其他征信。所谓信贷征信，是指为金融机构提供信贷决策支持。所谓商业征信，是为批发商或零售商提供赊销决策支持。所谓雇用征信，是指为雇主用人提供决策支持。所谓其他征信，主要是指为相关的组织提供的信息，例如，市场调查，债权处理，动产和不动产的鉴定等内容，有效为相关雇主提供信用服务支撑。与第一种分类相同的是，上述业务内容可能由一个机构来完成，也有可能由多个机构协同完成。

（3）根据征信机构所有权性质不同，可将征信分为公共征信、私营征信和混合型征信。公共征信通常由政府主导建立，由中国人民银行进行管理的，用以收集信贷信息并通过帮助贷款机构对借贷人进行信用评估以确定是否授信。私营征信由私营资本进行投资并实行市场化运作，一般私营征信数据较为多元且从应用上更加广泛。混合型征信一般由政府主导建立但有私营资本参与市场化运作。

（4）依据征信范围差异，可将征信分为狭义征信与广义征信。所谓狭义征信，主要是对被征信人进行信用调查，并进行信用等级判定。所谓广义征信，除上述内容外还包括信用评级等增值业务。

二、征信活动的原则

考虑到征信形式对被征信人员未来造成的隐性影响，在一定程度上不利于被征信人员日后发展。因此，征信机构在进行征信调查过程中需要遵循相应原则，以保证在业务开展过程中，征信的功能能够得到充分发挥。具体来说，征信活动原则包括真实有效性原则、全面整体性原则、时效性原则、客观性原则以及隐私和商业秘密保护原则，以确保征信机构可顺利开展相关业务。

（1）真实有效性原则。所谓真实有效性原则，主要指征信机构在开展征信业务过程中应采取科学、适度的方法，保证最终征信人员信用情况真实有效，不虚报或谎报被征信人员信用水平。这将是征信机构开展征信活动的首要和基础性原则，事实上，被征信人员信息的真实有效将是征信活动的起点，只有真实地反映信息主体的信用状况，才能帮助征信服务对象做出正确的判断。

（2）全面整体性原则。全面整体性原则主要指从业人员在对被征信人员进行调查过程中，要确保对于征信人员调查资料整体全面、内容明细清晰，坚决杜绝以片面的信息内容反映被征信人的信用状况。概而言之，考虑到征信对于被征信人未来参与经济、金融和社交活动等内容的影响，从业人员需要综合多方面的信息才能较为准确地反映信息主体的信用状况。征信机构应尽可能地收集征信主体（被征信人）的信息。具体调查内容需涵括正向征信信息、负向征信信息，且应为对考察被征信人具有逻辑性和支撑性的征信信息。如此才可较为全面整体地反映被征信人信用状况。

（3）时效性原则。该原则主要指征信机构在对相关数据进行采集过程中，要做到及时、精准，从而快速反应被征信人的最新信用状态。只有根据及时有效的信用信息出具信用报告，才能帮助征信服务对象判断风险，避免因为不能及时掌握被征信人及时的信用状况而为征信服务对象带来损失。信息的时效性关系到信用报告的效用，体现了征信机构的生命力。

（4）客观性原则。也可以称为"独立性原则"，是指征信机构应当保持客观、独立的第三方地位，不得与其服务对象产生利益冲突或者同业竞争，否则容易减弱其独立性，从而产生征信失灵的问题。其客观性还表现在征信机构对待被征信人的信用记录时，要保证客观性，不能对信用报告妄下定论或者出现偏袒情况。

（5）隐私和商业秘密保护原则。本质上，在对被征信人员进行调查过程中，相关人员要对其隐私和商业信息进行保密。该原则既是征信行业立法和监管的主要内容和目的，同样也是征信行业的基本准则。具体来说，征信机构应在确保被征信人隐私和商业秘密的前提下，依法开展各项征信业务。同时，征信机构同样应当依据征信行业法律的监管条例，严格要求相关从业人员对于被征信人的信息、数据进行保密，以确保被征信人的相关信用信息未泄露。同时，在数字技术高速发展的当下，征信机构同样应将征信机构的数据安全、个人信息隐私安全等内容放至征信活动的关键位置。

三、征信体系和个人征信体系

（一）征信体系的构成

征信体系的内涵在此部分做重点介绍。根据百度百科，就宏观角度而言，征信体系是由与征信活动相关的法律法规、组织机构、市场管理、文化建设、宣传教育等组成的一个体系。

征信规章即法律法规制度，主要包括两部分内容：法律法规涵盖征信业务规则、机构管理、信息主体权益保护等法律、法规和部门规章；制度主要涉及标准标识类和具体使用办法。

组织机构主要指征信机构，涵盖全国性的公共征信机构以及各区域性、专业性较强的社会征信机构，征信机构通过构建信用信息数据库的形式实现信息共享，提供信用产品与服务。在全球征信业发展中，全国性或者跨区域性的信用信息数据库均为关键的金融基础设施，在一定程度上发挥关键性与基础性作用。一般来讲，尽管信息数据库的信息来源主要来自金融领域，但也逐渐扩展至公共领域如工商、税务、法院等非金融领域，从而使个人信用信息更加多元，覆盖范围也更加广泛。

市场管理涵盖两项内容：征信市场和征信市场监督管理。一是征信市场是市场体系的重要组成，包括信用信息服务的征集方（征信机构）、提供方（征信主体）、需求方（征信服务对象）以及在征信过程中的征信业务模式、征信产品形式、征信交易规则等要素。在征信市场中，存在企业征信和个人征信，其征信形式根据市场延展性，也可以将征信评级纳入其中。二是从狭义上来讲，征信市场监督管理是指政府对征信市场的监管，主要内容有市场准入、征信业务规范、征信权益保护；从广义上来讲，征信市场监督管理还有行业自律，其间体现的是行业自律协会对征信机构的监督管理。

文化建设主要是在征信活动中形成的信用文化和诚信守信的社会风尚。

宣传教育体系主要是指为提升整个社会的信用水平而构建的宣传教育体系。

征信体系建立的目标是通过为市场提供征信产品和服务而实现信用信息的全面共享。根据征信体系提供的产品和服务内容，虽然其主要应用场景仍然是金融领域，但其应用领域已经大大拓展，早已拓展至商品交易市场和雇佣市场等领域。

（二）个人征信体系内涵及特征

综上所述，征信体系根据信息收集和处理主体的不同，被区分为个人征信体系和企业征信体系。根据征信体系的内涵，个人征信体系可以定义为：针对自然人征信活动有关的征信法律法规制度建设、组织机构、市场管理、征信文化和征信宣传建设的有机整体。个人征信体系有以下四个特征：

（1）与企业征信体系相比，个人征信体系中提供信息的主体是自然人，并且具有更高的稳定性。个人征信的对象只能是自然人，而非企业或者其他组织。征信机构征信的个人信息内容有两类：一类是个人借贷信息，另一类是反映个人偿债能力或者意愿的公共信息。虽然在企业征信中也会涉及对关键特定人群（如企业高管）的征信信息收集，但其目的是通过对关键特定人群的征信反映企业的偿债能力，因此从本质上与个人征信完全不同。并且与企业信用信息相比，个人信用信息的更迭速度较慢，可预测性更强，时效性要求显著低于企业信用信息；且企业征信由于其行业领域特性，其采集到的信用信息类别在评价机制中的权重有所不同，而个人信用信息，其采集的信用信息类别在评价机制中并无区分，体现了其稳定性。

（2）个人征信机构要求是独立客观的第三方。征信机构的独立客观性是国际准则，可以有效预防征信活动中的利益冲突，防止出现征信失灵情况。公共征信机构不以盈利为目的，能保证独立性。但市场化的私营征信机构，从企业遵循市场逻辑和竞争规律的角度而言，市场化的私营征信机构往往追求利益最大化，因此对其独立客观性提出了更高的要求。个人征信就定位于从事信息服务的中介机构，因此其要脱离借贷双方的交易。主要满足以下两点：一要征信机构独立于交易双方，主要是借贷双方；二要满足在征信业务和公司治理方面实现关系独立。

（3）个人征信是一种具有高度专业化的信息服务活动。专业性是征信机构得以不断发展的一个关键要素，征信机构的专业性能够保证信用信息的准确有效性，需要从海量信息中快速聚焦关键信息并实现专业化的深度信息加工，这些都需要有完善的工作机制、严格的运作程序、规范的操作技术，并要配备专业的设备和专业的技术人员。因此，从整体上来讲，个人征信机构的独立客观性和高度专业化是征信活动的一体两面，成为共同促进个人征信业发展的核心竞争力。

（4）个人征信体系与企业征信体系相比具有更高的稳定性。首先与企业信用信息相比，个人信用信息的更迭速度较慢，可预测性更强，时效性要求显著低于企业信用信息；其次企业征信由于其行业领域特点不同，其采集到的信用信息类别在评价机制中的权重有所不同，而个人信用信息，其采集的信用信息类别在评价机制中并无区分，体现了其稳定性。

四、社会信用体系与个人征信体系

2002 年，"社会信用体系"作为单独论断在党的十六大明确提出。次年，党的十六届三中全会通过《中共中央关于完善社会主义市场经济体制若干问题的决定》，提出建立健全"以道德为支撑、产权为基础、法律为保障的社会信用制度"，同时强调要加快建设企业和个人信用服务体系，这也成为我国个人征信业发展的一个标志性事件。其后，在《关于社会信用体系建设的若干意见》（2007年）和《社会信用体系建设规划纲要（2014—2020年）》等文件将社会信用体系和个人征信体系之间的关系加以明确体现。

根据研究文献和各国发展经验，征信建设一般主要从金融领域开始，伴随时间的推移延展到社会领域。依据中共中央办公厅 国务院办公厅发布的《关于推进社会信用体系建设高质量发展促进形成新发展格局的意见》中明确提出，完善的社会信用体系是供需有效衔接的重要保障，是资源优化配置的坚实基础，是良好营商环境的重要组成部分，对促进国民经济循环高效畅通、构建新发展格局具有重要意义。由此可见，只有完善社会信用体系，才可为建设个人征信体系提供环境支撑。具体来说，个人征信体系与社会信用体系之间既具有较大关联性，又互相具有依赖性。

（1）个人征信体系建设是社会信用体系建设的核心内容之一。《社会信用体系建设规划纲要（2014—2020）》（以下简称《纲要》）明确指出，社会信用体系建设分为政务诚信、商务诚信、社会诚信以及司法公信四个领域。同时，《纲要》中明确提出突出自然人信用建设在社会信用体系建设中的基础性作用，依托国家人口信息资源库，建立完善自然人在经济社会活动中的信用记录，实现全国范围内自然人信用记录全覆盖。而自然人经济活动领域的信用记录正是由个人征信体系中的关键内容，故只有加速发展个人征信体系，才可有效完善社会信用体系。具体来说，个人征信体系通过提供相关信用信息产品，使得双方在交易过程中能够准确了解彼此的资信状况，可在一定程度上缓解信息不对称问题，从而有效降低信用风险，以此带动社会信用体系发展。

（2）个人征信体系的发展有赖于社会信用体系建设提供良好的外部环境。征信是通过市场主体之间达成信用信息共享而排除不良信用借贷人的情况，征信一定是以信用信息共享为核心的独立活动，且该行为更多地为事前防范。征信服务中所提供的个人征信报告，它是对借贷人历史借贷信息的呈现和加工，具有一定的应用场景，但不具有强制性。贷款方虽有事前风险防范的详尽的个人征信报告，但如果出现借贷方恶意拖欠债务的情况，对于贷款方只能或者通过债务催收或者通过法院起诉两种方式解决，由法院执行部门强制其履约。但在市场经济生活中，各种"老赖"不胜枚举，在没有社会信用体系所形成的威慑情况下，对老赖行径制约能力微乎其微。

社会信用体系建设大大缓解了上述问题。社会信用体系的构建不仅包括经济领域诚信（商业诚信），还包括政务诚信、社会诚信和司法公信，这是一项来自社会各领域的系统性工程，来自各个领域的惩戒使借贷人慑于压力主动履约，同时多领域的惩戒对于恶意规避执行提供有效约束，为个人征信的有效运行营造良好的外部环境，同时巩固征信制度的实施效果。

现阶段，我国正逐渐加快社会信用体系建设进程。然而，我国社会信用体系现阶段还需逐渐从服务于政府行政管理向服务于市场交易的领域转型。目前，国家有关部门已在机制建设、组织保障与系统发展等方面取得积极影响。

第二节　完善的征信体系具有明显的正外部性

关于外部性概念，可以追溯至20世纪初，由马歇尔和庇古提出，主要是指生产者或消费者在进行经济活动过程中，对周边人员产生的有利影响或不利影响，以及该影响为周边人带去的利益或损失，均不由生产者或消费者本人所获得或承担。而完善的征信体系可以有效提升降低信贷市场间双方交易成本，增加信贷的可获得性，预防市场金融发生，以此推动普惠金融发展，进而提升整个社会信用程度。可以说，征信体系具有显著的"正外部性"。

一、征信体系的建立可用于缓解信息不对称

信息不对称理论是征信研究的逻辑起点，揭示信息不对称的研究都暗含着征信的正当性与必要性。在古典经济学假设研究中，一般认为市场竞争是充分的，信息资源在双方间为对等，可以自动达到均衡发展。但在实际金融市场中，信息不对称是长期存在的，在信贷领域交易双方难以达成信息完全共享，在市场交易中总是存在知情者所掌握的信息影响不知情者的利益的情况，由此不知情者而承担因知情者行为所带来的风险。根据 Rasmusen（1994）将委托代理理论所做出的区分，依据信息不对称发生在签约前还是签约后的时间将非对称信息分为"事先不对称"和"事后不对称"情形。研究"事先不对称"信息博弈的模型又被叫作"逆向选择模型"；可能产生的原因在于，在无征信存在的市场环境中，由于相关机构难以保证最终经济风向程度，因此只能依据原有借贷者的原有风险平均水平中确定利率，这在一定程度上可能导致低风险者受损而高风险者获益，从而

出现"逆向选择"问题。这在一定程度上将影响金融市场高速发展。"事后不对称"信息博弈模型又被称为"道德风险模型",可能出现的原因在于,由于借贷人的失信问题,从而导致出现"道德风险",在一定程度上也将影响市场经济问题发展。

市场中存在交易,征信市场也是借贷双方进行交易的环境。近些年由于数字技术在不断发展,导致借贷双方的发展信息无论从数量、质量、复杂程度层面,均出现几何式增长,在一定程度上导致信息不对称问题的出现。根据交易成本理论,经济主体为实现交易必须要付出成本。在征信市场交易过程中,由于个体认知水平的限制与收集交易信息复杂度的提升,导致相关交易者难以完全掌握相关人员的全部交易信息,同时由于专业性不足和专业工具掌握有限性使交易者不能专业化地进行信息共享。在征信体系中,专业化征信机构的出现不仅能够降低信息收集成本,同时在数字技术的支持下,征信机构在收集一定规模的数据信息后,可有效规避因数据重复性问题而造成的成本问题。此外,征信机构从整体上还能降低信用市场的交易总成本,并能带来交易福利的普遍增加。因此,征信可有缓解因双方信息不对称问题而导致社会交易成本浪费的问题,从而促进社会经济高质量发展。首先,征信可通过信用信息共享能力,有效了解借贷人的征信水平,对事前决策进行筛选,以降低由于逆向选择问题而导致的信息成本浪费问题,以此有效提升资源配置效率,促进普惠金融发展。其次,征信通过对信息的应用,可提前发现借贷人信用水平,以规避因借贷人拒绝还款导致的道德风险,从而减轻相关机构违约成本,减少了对借贷人的事后监督成本(社会成本),以此有效提升市场资源配置效率,助力普惠金融发展。最后,征信可有效借助其正外部性,提升整个社会的信用水平和资源配置效率。

二、征信体系发展中的规模经济效应

由上分析可知,征信体系可以有效缓解信息不对称、降低交易成本。依据网络外部性理论,用户从产品中获得的效益与用户总量呈正相关关系。延伸至征信外部效应可以发现,随着消费信用产品的用户总量越高,则每个用户获得的外部效应越高,这就意味着征信市场的积极外部性发展主要随着使用征信产品的组织或个人数量的增长而增加。

依据该理论,本书接下来将从宏观角度,即网络经济和规模经济两个角度通过观察征信业的发展。同时,由于征信具有较高的准入门槛,征信体系在第一个阶段——初始阶段需要花费较多的搜寻成本(信息采集)、信息成本(信息储备、加工设备、专业人才）、加工成本（征信产品开发等）和市场开发成本（开拓市场），在这一阶段，征信体系投入高但由于市场尚处于早期开发阶段，导致收益会远低于成本。但在基础性工作基本结束进入第二个阶段——发展成熟阶段后，该阶段的投入会大幅度降低，但信用信息的数量、更新速度和应用领域在逐步提高，这个阶段体现出收益会明显提升。这主要是由于，在该阶段，征信信息主体之间已经实现了全面的信息共享，与此同时数据更新技术正在逐步成熟，征信的应用领域也在逐步扩大，这就意味着，社会信用正在逐步提高。在成熟期，信用评级产业的发展投资因规模经济与网络经济正外部性的共同影响而呈现出规模回报递增的特点。信息产业的发展主要体现在信息产业的投资成本明显下降，信息产业的经济效益明显提高。可能的原因在于，第二阶段征信信息主体间实现全面信息共享，这在一定程度上为形成双向信息流网络提供协同合作基础，进而导致征信业投入出现规模经济的特征。

在发展的三个阶段中，征信体系中的征信机构也随着规模经济效应有所调整变化。在起始阶段，由于投入远远大于收益，征信机构一般是由政府和行业组织等机构出资建设公共征信平台，市场化主体缺乏实力和动力，公共征信机构要完成基础信用信息收集、市场培育和发展过程中的征信制度建设等工作，为征信业发展打下基础。而在成熟发展阶段，征信行业实现了快速成长，其投入也远远降低，同时征信业结构逐渐从单一的公共征信机构向公共征信机构与市场化征信机构共同发展转变，为大规模出现市场化征信机构奠定基础。而在成熟阶段，征信市场规模性加强、市场化程度较高，该阶段征信机构的实力更强，且为寻求自身利益最大化，征信机构可以通过定价细分征信市场，征信产品和服务也呈现出多样化和定制化。而在最后一个阶段，征信市场也体现出垄断市场的特点。这主要由于该阶段征信机构的增加只能增加成本而不能带来更多收益，此时行业的准入壁垒起到了关键作用，征信市场上通常只有一家或者几家具有垄断性质的征信机构，这也在各国实践中得以验证。如美国是完全市场化征信国家，无全国性的公共征信机构，但其个人征信市场90%的业务由三家个人征信机构垄断（益百利、艾可菲和全联），而邓白氏则垄断企业征信市场。德国拥有公共征信机构，德国的市场化征信机构舒发公司也占据了该国市场的绝大部分份额。日本由三家个人征信机构和两家企业征信机构垄断征信市场等。

三、征信体系可有效改善普惠金融水平

对征信促进普惠金融发展可以从两个视角展开：从宏观视角来看，金融在资

源配置过程中体现了"嫌贫爱富"的特点。在金融市场中，金融机构往往更加关注发达地区、大企业大项目、关注富人，从而在一定程度上忽视欠发达地区、中小企业的发展，按照长尾理论，金融机构将更加关注处于曲线头部的相关企业，而忽略处于尾部的相关主体。可能的原因在于"尾部"区域部分客户单笔业务金额小且地理分布不集中，而追求利益最大化的金融机构需花费大量的时间、资本对其进行征信，同时可能出现收益高风险，形不成规模经济等问题。但征信中的信用信息共享可以解决信息不对称问题，通过定制性的和个性化的征信报告，帮助"长尾"客户解决问题；同时还能帮助金融机构开发针对信用水平高的弱势群体的金融产品和服务，使收益可以覆盖成本，进而降低整个社会的金融排斥现象，实现普惠金融发展。

从微观层面来看，根据前述委托代理理论，征信也可以促进普惠金融的发展。"事先不对称"的情形是贷前信息不对称，可能出现贷款机构对风险的识别不清，导致"逆向选择"。"事后不对称"的情形是贷后信息不对称，可能出现借贷人违约行为，导致"道德风险"。对于前者，传统的解决方法是人工调查，但成本很高。对于"事后不对称"的解决方法主要通过借贷人出示担保人、抵押品、风险保证金等。但由于借贷方通常为个体和中小微企业，导致借贷方常常出现缺乏传统金融服务的信用记录、缺乏有效抵押品、交易金额偏低，风险保证金缺乏本身作用等问题。这在一定程度上解决"事先不对称"问题时由于成本过高而无法实现，在解决"事后不对称"问题时普惠金融用户难以被传统金融服务覆盖。因此，征信机构可通过两个方面改善普惠金融水平。一方面，降低贷前风险。征信机构可借助征信评分或者征信报告等方式，对借贷人进行简单信用了解，以确定是否对相关借贷人进行借款。另一方面，贷后风险防范。考虑到信用评分会在某种程度上限制用户今后获取信贷服务的能力。因而，其内容可以被视为对出借人而言是一种隐藏的"资产"，或者说对出借人来说是一种隐含的担保。部分借贷人出于对未来资金用度的考虑，将尽快还款。因此，可将征信分纳入借款条件中，从而缓解用户间信息不对称问题，以此有效改善普惠金融水平。

因此，从整体上来讲，征信体系的建立从宏观和微观两个角度可以促进市场的金融资源配置水平，进而全面提升普惠金融的发展。

四、征信产品准公共性特征促进征信市场发展

在经济学中，公共产品具有非竞争性和非排他性两个特征。非竞争性是指产品被提供后，企业或者个人对该产品的使用不会减少其他主体的使用机会或者数

量，增加一个消费者或企业的边际成本为零，非竞争性是从消费意义上而言的。非排他性是指产品被提供后，所有人共同消费该物品，想将他人排挤出去是无效率或不可能的，这是从产品的收益角度而言。纯公共产品实质上是在消费过程中具有非竞争性和收益上具有非排他性的产品，是可以为整个社会共同消费的产品，公共产品一般由政府提供，如国防、灯塔等。如果两个特征均不满足则被称为纯私人产品，即某物品既有竞争性又有排他性，私人物品通常由市场提供，如餐饮、衣服等。还有介于两者之间的产品，属于既有公共产品属性又有私人产品属性的，称为准公共产品，通常有两类情况：一类产品具有非竞争性但又有排他性，消费过程需要付费，但使用数量可以无限，例如，教育、医疗；另一类产品与之相反，具有竞争性但属于非排他性，具有共享性但一定时期内具有竞争性，比如森林、牧场。

具体到征信领域，征信产品由专业化的征信机构，根据市场需求，将企业或个人的信用信息征集、整理、加工并对外提供征信产品的信用信息服务。首先，从主体上讲，征信产品和服务具有非竞争性和排他性，政府和市场可以分别供给，也可以共同发挥作用。其次，从消费效用上讲，征信产品具有非竞争性。征信产品是面向整个社会共同提供的，一般不是针对特定的放贷机构、组织或者个人，且征信产品开发出来后，在使用人获得许可后不会影响其他人对该产品的使用，且随着征信市场不断完善和科技手段的加强，少量用户的增加的边际效用可以忽略为零。最后，征信产品在技术上具有排他性。换句话说，信用信息适用于那些不为产品付费但通常为他们使用的东西付费的人。可见，征信产品既具有竞争性又具有排他性，具有公共和私人的双重属性，属于准公共产品。考察征信产品的准公共性特点对于各个国家征信模式的选择具有重要意义，且随着技术进步和征信市场的发展，为排他性而支付的费用将会远远小于征信产品及服务所产生的收益，市场化征信机构的探索因而存在更大的意义和价值，征信市场的发展也将加快征信业的发展，促进征信业质量的整体提升。

第三节　征信功能失灵和负外部性表征分析

完善的征信体系可以显著提升信贷的可获得性，降低信贷市场的交易成本，推动金融普惠发展，促进信贷市场发展，提升市场资源配置效率，这是征信功能正外部性的具体表现。但正外部性以外，征信行业也会产生由于征信功能失灵而导致的负外部性。具体从微观、宏观两个角度分析。立足微观角度，征信机构缺乏独立性，引致信息误采或信息错配桎梏。在此背景下，征信机构可能面临征信失灵、信息隐私性偏低等难题，进而影响金融资源有效配置与成本把控水平。立足宏观角度，考虑到征信机构恶意竞争会阻滞征信市场有序发展，长期征信负外部性叠加可能造成系统性金融风险，不利于市场经济秩序维护。

前述讨论了征信功能的正外部性，显示了征信体系对金融发展具有促进作用。然而，征信功能的发挥需要良好的外部环境，如果离开这些外部环境，那么征信就会走向失灵和负面效应。

首先，征信体系发挥功能需可持续性的金融市场环境支撑。金融市场环境可持续是指在市场中，信息的需求方（贷款机构）有对信用报告、信用评级等征信产品和服务的需求，而这些需求主要用来判断借贷人信用情况以帮助作出决策。信贷市场的上述需求，是征信体系存在的基础和根基。

其次，信用信息要具备真实完整性的特点。这是征信活动的首要原则，如果采集的信息有错误或者遗漏、信息传导出现偏差、征信信息出现错配等情况，那么都将体现在征信产品加工的过程中，最终呈现在征信报告中。这样就会降低征信产品的效果，进而影响征信业的权威性。

最后，征信机构需维持独立客观性。独立客观性也是征信活动的一个重要原则。在征信活动中，如果征信机构不能保证独立客观，那么有可能出现利益冲突或者为追求利益最大化而徇私造假，影响征信使用者的决策，导致征信功能失灵。

征信功能失灵是指征信功能不能正常发挥的一种状态。在过去的文献中研究征信失灵的并不多。征信功能所发挥的前提条件下，我们提到了健康良好的金融市场、真实完备的个人信息，以及征信机构在处理信息过程中的独立客观性。个人征信本质上是个人信用信息共享，因此对个人信用信息的侵害是导致征信功能失灵的最主要因素。个人信用信息不仅是征信的重要内容，而且是各类市场主体中最重要的连接因素。考虑到各类主体的权利义务对象均围绕个体信用数据展开，本书主要针对个体信用信息的征信功能及负面性展开研究。

我们首先厘清以下个人征信市场中的四类主体：第一类主体是征信机构。征信机构在征信市场中处于中心地位，负责对个人信用信息进行采集、整理、加工、分析、储存、披露。第二类主体是信息提供者。信息提供者主要指提供个人信用信息的机构。征信的开端为征信主体采集信用信息，涉及的信息提供者一般为金融机构、类金融机构和政府部门等，从不同渠道为不同的征信主体提供法定信用信息。第三类主体是信息使用人。信息使用人一般来讲是贷款机构（放贷人），在征信应用场景丰富的国家也有可能是政府或者其他组织。信息使用主体是征信交易中的发起方，如果没有信用报告或服务需求，则该市场无从谈起。信息使用主体与私营征信主体之间构成一种商品交换关系，需要支付一定的对价。第四类主体是被征信人，是在个人征信中被采集信用信息的自然人。被征信主体并不直接向征信主体提供信用信息，但其个人信用信息附带人格属性与财产属性，其中涉及了被征信主体的隐私权、个人信息权和信用权的权益。

一、被征信人权利被侵犯引起的失灵及其表征

（一）个人信用信息涵括人格权属性与财产权属性

第一，个人信用信息的人格权属性和财产权属性。人格权本质上是人之所以为人所具备的伦理价值。王立明（2005）将人格含义分为三种：一是获得权力的资格，即较为平等的法律地位；二是民事主体具备的民事权利能力；三是人格理应受到法律保护的一种权益。个人信用信息中蕴含着人格权。首先，个人信用信息与信息主体联系密切，个人信用信息可依据姓名、职业、住址、贷款记录等信息识别特定自然人，凭借上述信息单独或共同指向某特定主体，信用信息与信息主体人格利益息息相关。其次，个人信用信息的内容错误或者使用不当都可能对个人隐私造成侵害，继而阻碍人格平等、人格自由、人格尊严等人格权的实现。再次，伴随互联网深化发展，人格权内涵逐渐体现出扩大化演变趋势，即物质性人格逐步演化为社会性人格保护与数字化人格保护，个人信用信息也有了体现，实现了由"肉身"到社会化人格，再到数字化人格的变迁，体现出人格利益的载体变化特征。最后，人格权也体现在个人信用信息的自主决定权方面，德国学者将自然人对个人信息所享有的权利称为"信息自决权"，即个人信用信息的采集、利用等都经由个人自主决定。

第二，个人信用信息还体现出财产权属性。信息属于无形物，但不是所有的无形无均是财产。波斯纳认为法律上的财产具有普遍性、排他性和可转让性的特征。从学者们对财产权属性的研究来看，无论是二元论还是三元论，通常来讲财产权属性体现在排他性、可转让（让渡）性、价值性（需求和有用）。

（1）个人信用信息具有价值性。个人信用信息的价值性既体现在其"有用性"，也体现在其"稀缺性"，还体现出了市场"需求性"。个人信用信息指对个人信用情况的评判。个人信用信息传递的是主体在商业行为中的信誉，信息是"有用的"。同时个人信用信息也是稀缺资源，不能普遍满足主体需要，因此在交易中，由于信息不对称和资源稀缺性的原理，为克服信息不对称带来的负面影响，

市场上产生了对以信息为基础的征信产品的需求，而信息的掌握者由于掌握了可以克服信息不对称负面性的信息和加工信息后产生的更有价值的征信产品，而得以保持其市场主体的竞争地位。

（2）个人信用信息具有可转让（让渡）性。个人信用信息可为主体所控制和支配，其载体能够激活个人信用信息主体的信用活动。即使信息存储或记录在不同的机构，该信息主体仍能以合法形式取得信息的收集、使用和审查控制权。最后，排他性是个人信用信息的关键特征。个人信用信息是独立于个人主观意识和个人自身而存在的专有信息。载体形式的多样性并不影响信息本身的排他性。个人信用信息的排他性还体现在排除他人干扰和侵犯信息权。有鉴于此，个人信用信息是可以作为信息财产权的客体存在的富含财产利益的权利，其内容有占有权、使用权、收益权和处分权。

因此，信息主体（被征信人）作为一个自然人，隐私权当然应当受到保护，且在征信市场中，征信主体被赋予了更多的积极因素且在法律中有专门规定，在实践中，侵犯隐私权是导致征信功能失灵的重灾区。信息主体理应受到公正评价权且得到对应利益，这是个人信用权的保护范畴，也是造成征信功能失灵的一个重要因素。

第三，个人信息权也是征信主体根据对信息享有的所有权所应当享有的个人权利，该权利不仅体现了人格权属性和财产权的属性，也是极容易造成征信功能失灵的一个关键因素。

（二）侵犯个人信用信息人格权和财产权所导致的征信失灵表征

首先，侵犯隐私权所导致的征信负外部性表征。隐私权是被征信人享有一项人格权。隐私的英文表述是"privacy"，被解释为"the right to be alone"，意即是公民所享有的私人生活安宁、不被非法侵扰的一种权利。这种权利对于被征信人而言，指个人在征信活动过程中不被侵扰的一种权利。但个人信用信息由于其特殊性，征信领域也扩充和延伸了对隐私权的保护范围，一是强调征信中的隐私权不仅具有私人属性（狭义隐私属性），且具有私密性（应用场景特殊），只能应用于征信的必要场景；二是征信中的隐私权具备控制权的特点，具体表现为被征信人有权利对与自身相关的信用信息，拥有对收集、存储、流转、修改等方面享有的决定权。因此，征信中的隐私权可以理解为以个人信用信息中蕴含的不被隐瞒、可维护、可控制、可利用和可支配（一不四可）的人格权利。从中可以看出征信中的隐私权与以往隐私权强调个人免予被打扰不同，体现了由于信用信息脱离

"人"的个体而存在的特殊性，且随着载体变化个人信用信息不停流转被应用的特点，导致了征信中隐私权要比普通隐私权更加积极。

侵犯隐私权的主要表现为个人信息泄露和广泛传播。可能的表现形式为信息提供者将信用信息非法提供给非征信机构，如非法出售个人信用信息牟利的行为；或个人征信机构非法收集、披露或者使用个人信息信用；或信用使用者、无关第三人非法使用或者传播个人信用信息等行为。此外，征信失灵可能会出现在对隐私权保护采用的是消极保护方式时，比如隐私权受到侵害时未及时救济而导致的严重后果。

其次，侵犯信用权所导致的征信负外部性表征。信用权也是被征信任享有的一项人格权。信用权指被征信人所享有的按照本人信用状况理应获得公正评价并获得相应利益的权利。信用权不同于名誉权，虽然两者有关联。侵犯名誉权造成的损害是由于社会评价降低而导致的精神损害和财产损失，重于人格上的精神利益。而信用权侧重于信用权利的保护，虽然可归于人格权，但重于财产利益的保护。信用权一般来讲有个人信用保有权、个人信用维护权和个人信用利益支配权。

侵犯个人信用权的表现主要有以下三类：①征信机构采集的信息不完面、不完整；个人信用信息提供者提供了错误信息；②个人征信机构在信息加工环节使用信用信息不准确出现了不实评价；③信息使用者使用错误信用报告并产生错误评价或者虽然使用正确信用报告但故意作出错误决策，这几类行为均造成了对个人信用权的侵害。

再次，侵犯个人信息权导致的征信负外部性表征。个人信息权是被征信人享有的一项基本权利。个人信息权体现了隐含其中的人格权和财产权。个人信息权是指信息主体（被征信人）依法对其个人信息进行控制和管理，不受他人侵犯的权利。这种权利源于个人对自己数据的所有权，也是基于数据主体为了社会整体的利益而放弃某些敏感数据和隐私权后，法律赋予数据主体的权利。在信息社会中，信息的载体复杂多变且一直处于流转过程中，个人信息不可避免会有多个信息处理者和占有者。个人信息所有者对于信息的占有与处置是不能按照传统财产权的形式出现，体现了其较为独特的特点。各国对个人信息权内涵有所不同，但基本涉及知情权、同意权、查询权、异议权和救济权五个方面。

最后，侵犯个人信息权的表现形式较为多样，主要体现在以下四个方面：一是对个人信用信息的不当采集和滥用，如法律规定以外的对血型、宗教信仰等个人信息的采集，或者未经信息主体明确同意，而采集的法律规定需要同意才可采集的信息，如税务信息、不动产信息等；二是信息使用者未将个人信用信息用于法定或约定用途，但并未明确告知征信对象；三是信息使用者未在法定和约定的用途内使用个人信息，而被征信人不知情的；四是信息主体在信用记录出现错误或者遗漏时，实践中难以保障异议权和救济权。在上述几种表现形式中，同意权、异议权和救济权是最难以保障的几项权利，会直接损害信息主体的合法权益。

二、对信息使用者、征信机构的权利侵害及其负外部性表征

一般情况下，征信信息来源主体需向征信机构提供完整性、可信化的信息，以保障征信报告真实性。然而，现阶段被征信主体所提供的征信信息欠缺，且存在时滞性、主观性与片面性问题时，信用报告可信度偏低，以及混淆征信主体的判断。进一步地，征信问题若不能有效发现并及时解决，极易引发征信贷款审批决策方面的失误。同时，假若征信主体的信用评级失败，会影响征信主体权益。数字经济时代，信用机构评级模型采集的数据规模大幅增加，将在一定程度上提高信用评分的准确性和可信度。为确保评价模型不会混淆数据用户并导致误导性营销或商业损失，必须根据公司的实际需求和能力，以准确、最新和充分的数据为基础。资料使用者需适应环境变化、满足其业务需求，制定高度相关的评价模型需要。对征信机构而言，个人信息提供者提供了错误、不完整的信息，导致征信机构提供的征信报告有错误或者也会对征信机构造成负面效应，影响其公信力和权威性。

三、征信信息跨境传输风险及其负外部性表征

值此经济全球化背景下，跨境信用信息流动在服务领域、国家和背景方面不断扩大，其跨境交易速度不断增速。一定程度上，征信数据跨域流动为国际合作铺设便利条件，但也随之带来金融安全问题。概而言之，征信信息跨境传输既可能引发个体可能的侵权风险，也可能损害由个人信用报告所代表的国家政治与经济价值，因而诸多国家以法律硬性手段予以保护，以欧盟数据法保护为甚。

值此背景下，征信报告中数据泄露可能导致国家金融安全问题，不利于金融稳定发展。具体来说，征信信息跨境传输风险可能引发的负外部性表征主要有以下四个：

第一，从目前跨境信息流动方面来看，信用信息主要从征信欠发达国家流向发达国家，发达国家将信息进行加工后形成征信产品和服务。这种流动性造成了两个结果：一是加深了征信欠发达国家对发达国家的征信依赖；二是形成了对本国征信机构发展的抑制。这点从美国对欧盟国家的征信市场影响中可得出结论。

第二，跨境信息传输过程中数据流通程序比较复杂，难以避免在流通与互动过程中出现信息错报、误报、被篡改的风险，信息失真风险进一步加大。

第三，尽管现代加密技术能够确保数据在一定程度上的安全传输，但当潜在的攻击者突破了企业的安全防线并获取了敏感信息时，数据泄露会引起侵权行为的发生。

第四，跨境传输信息一般数量较大，该类信用信息如果被用于军事、政治等利益，将对国家安全造成危害。

四、征信系统不安全所导致风险及其负外部性表征

征信经过上百年的发展，其载体已经发生巨大变化，由传统的口耳相传、纸质记载已经转变为计算机联网、大数据筛选等。在信息技术充分发展的当代，在享有便捷征信的同时，也不能忽略由于信息技术所带来的潜在风险，即征信系统不安全所导致的数据泄露、系统出现漏洞和故障等风险。

其负外部性表征主要有以下四个：

第一，由于征信机构的数据采集流程和数据报送流程复杂，可能会出现征信人员不负责任而导致数据收集与处理不当，造成传输失误或者信息泄露。

第二，征信机构在其工作中未能使用安全设备，或技术保护方式简单被恶意攻击，或系统出现漏洞，或加密管理设置不当，而导致信息安全技术不足情况，极易造成数据泄露或者丢失。

第三，由于征信机构数据安全风险意识薄弱，缺乏对工作人员的信息安全教育和培训，容易导致信息管理人员主动泄露数据牟利。

第四，由于征信系统的不安全性可能导致系统被侵害，危害国家安全。

总体而言，征信失灵可以由多方原因引发，但其导致的负外部性大致有两个特点：

第一，就微观层面而言，对征信主体的权利侵害更多的是私权利的一种侵害，需要通过完善法律法规、加强行业标准约束等方面的法律法规制度去加强规范。

第二，就宏观层面而言，征信失灵所导致的是对经济发展和国家安全等公共利益的危害。征信失灵可能导致征信体系的社会信任度降低，影响到征信的权威与公信力，进而影响经济效率，进一步危害到国家信息数据安全和国家金融安全。因此在完善法律法规制度的基础上，加强对征信监管体系在执法过程中的有效性，保障权利主体的合法权益，促进征信市场的良好发展，充分发挥征信在市场资源配置中的作用。

第四节 防止征信功能失灵的个人征信监管机制

通过对征信功能的理论分析，单靠市场的自发调节是不能解决问题的，只有通过激励和制约手段才能克服信息失灵带来的影响，其中的制约手段甚至是强制手段。因此，对个人征信进行监管设计考量成为克服征信功能失灵的最重要选择。实施征信监管，就是为了能够实现信息共享，同时能够建立起有利于促进诚信的激励机制，其重要目的主要有以下两个：

就微观层面而言，征信监管部门应对征信市场进行监管，从征信市场的准入、构建和运行多角度展开主动与被动监管，进而保障征信各方权益，有效地发挥市场主体作用，保障征信市场有序健康发展，防止出现征信功能失灵和负面效应。

就宏观层面而言，征信监管部门应对信用风险进行监管，利用信息数据从保障公共利益的角度应对可能出现的系统性信用风险。

一、个人征信监管的理论基础

个人征信监管制度是信用发展的需求，这是因为征信的出现打破了原有的利益格局，产生了新的基于利益的权利需求。在研究征信监管制度的基本原则的基础上，将征信监管的理论基础总结为适度监管理论、公平与效率理论和回归性监管理论。

（一）适度监管理论

监管主体必须尊重征信监管市场的规律，运用有效的监管措施促进效率。监管行为是对行业内部控制和市场约束双失效下进行的外部规范。如在征信领域出现的关于信用报告功能障碍的争论，一些消费者或信用报告机构声称整体效率低下，导致市场出现垄断、欺诈、错误和管理不善等弱点。因此，国家相关机构必须在这方面出台公共法规。政府法律法规对市场进行干预，以纠正市场的不完善，在社会价值规范范围内平衡公平与效率。当信誉良好的抵押贷款投资产生有吸引力且有利可图的回报时，这种安排最有效。过度监管导致市场疲软，不利于征信业务的发展，因此，对征信的监管应当是适度的，需要在一定层次和框架内进行。

（二）公平与效率理论

公平和效率是两个市场绩效衡量指标。公平是指收入在个人之间的分配，而效率是指一个国家的总收益与总成本的比率。公平涵括两种表征方式：一是民法所代表的基于个人利益和实现正义机会均等的竞争条件；二是社会经济关系和财产分配关系中物质平等的有限实现。效率是指经济活动中投入与产出的比率，表示资源利用的效率。对此，功利主义法学派认为，法律不能直接为公民提供生计，而是通过奖惩的驱动力，引导人们谋生，创造更多的公共财富。经济分析法学派的创始人科斯提出了社会成本理论。他认为，如果政府复苏有助于以更低的成本和更高的回报改善各方的经济福祉，那么它就是合理的。

征信市场中隐私保护与公众利益保护存在冲突。隐私包括对公民权利的保护和对诚信的重视，但过度的隐私保护不利于信用市场的发展，而信用市场的发展关系到提高公民的普遍社会福利。为了平衡隐私和披露的利益，调和这些相互冲突的价值，需要坚持公共利益的基本原则，使披露信息不被视为非法隐私。当然，更高的效率并不一定意味着更好的社会，在一定范围内追求社会整体的效率存在逻辑可行性。因此，在保护隐私和构建信用市场体系之间找到平衡具有必要性。

（三）回归性监管理论

前文提到的监管理论能够对监管政策的执行产生一定影响。就目前情况而言，监管政策制度及组织方面仍存有局限及不足，这为运用社会学知识、法律手段进行监管问题的解决提供了发展背景。自 20 世纪 80 年代以来，从法学和社会学角度对监管问题的研究越来越多。回应性理论在监管治理改革中逐渐受到重视，该理论提出了融合政府监管和非政府监管的"公私混合型的监管模式"，以追求监管主体多样化、监管策略和具体手段多样化及可选择性为特点。研究重点主要聚焦于两个层面：一方面，关于监管主体任务分配的设计。具体可划分为以下三种方式：第一种分配方案是将监管权限拆分出部分至除政府、企业的第三方为代表公共利益的手中，充分发挥公共利益代表的作用去监管；第二种分配方案是强制性自我监管，把监管权下放给被监管的企业，企业可根据自己的情况来制定规则，再对自身进行监督审查，政府保留审批权、监督权和裁判权；第三种分配方案是不对称监管，主要用于对不同企业进行监管。另一方面，监管部门经由财税政策的政府行为，控制边缘企业之间的竞争及产品定价，借此控制企业运营行为，维护市场秩序及社会公平；此外，关于监管策略的设计。政府需在采取政策性干预行为前，先行就产业结构目前的现实状况、市场内部企业及边缘企业关系、监管与被监管主体关系等多方面情况进行综合性分析，从而制定针对性政策措施。

二、个人征信监管机制概述

如前文所述，根据征信信息主体不同，征信体系可细分为个人征信体系和企业征信体系。本书研究的个人征信监管机制，其关键词是"个人征信"和"监管机制"。第一个关键词诠释了信息主体内容，即研究对象为个人征信，而非企业征信。第二个关键词是监管机制。"机制"一词最早源于希腊文，原指机器、器械的运作规律及方法，现已在人类社会的不断发展下，逐渐引申至行政监管领域，可以考虑为由两个方面构成：一是监管法律法规和制度；二是具有征信监管职能的职能机构组成的有机整体。在监管机构执行监管职能过程中对个人征信监管法律法规和制度的运用，构成了个人征信监管机制。健全的个人征信法律制度、个人征信法律制度的执行与适用以及个人征信法律制度功能的实现是个人征信法律机制的主要环节。其中，个人征信监管法律制度确立了监管的内容，而个人征信监管体系能够保障监管法律制度顺利执行，实现监管法律效果，两者之间互为支撑，相互统一。

三、个人征信监管机制的构成

个人征信法律制度和个人征信监管体系共同构成了个人征信监管机制。

（一）个人征信法律制度

随着个人征信法律制度的逐渐完善，个人征信的日常管理进入有法可依时代。可以说，个人征信法律制度的完善是征信领域得以稳步运行的重要基础。个人征信法律制度欠完善时，征信主体的个人信息难以得到完美保护，这也影响征信法律系统的运行通畅度，以及个人征信法律保障的落实度，因此，健全个人征信法律制度极为重要。就目前情况而言，个人征信法律制度可通过变革形式及丰富内容等两个层面进行完善。从形式上，个人征信法律制度需进一步设立多层次的法律约束条款，借此增强个人征信法律制度的落实效果。从内容上，个人征信法律制度需基于行政执法及司法审判，再次进行完善，以保证个人征信法律制度的逻辑清晰，内容丰富。

个人征信法律制度的核心内容为权利及义务的有机统一。从涉及主体方面来看，个人征信审查的相关活动主要涉及四大主体，分别是被征信人（信息主体）、征信信息提供方与使用方，以及审查个人征信的相关机构。四大主体在个人征信关系的利益指向存有一定差异性，特别是四大主体在进行个人征信审核的过程中，具有不同的职责分工及价值目标，这可能使各主体间由于利益追求不同而产生相互冲突。其中，以审查个人征信的相关机构与被征信人利益冲突最为显著。对于这种冲突的直观表现形式是，审查个人征信的相关机构可能通过非法手段获取更多被征信人私人信息，导致信息冒用，甚至给被征信人带来名誉及财产损失。在这一背景下，个人征信法律制度的完善显得更为迫切，个人征信活动的审查急需进行冲突化解利益协调工作。从这一角度而言，个人征信法律制度的完善不仅是明晰各主体权利义务的法律，更是平衡各主体权利义务的法律。

（二）个人征信监管体系

在健全的个人征信法律制度基础上，为使其更好地执行和适用，还要建立与法律制度匹配的执行与适用机制，即监管体系。个人征信法律制度的执行是实现其社会功能的必经环节，主要包括以下三个方面：一是保障私人征信机构依法进行市场准入。个人征信，具有高度专业化特征，与被征信人私人信息及社会经济利益关系密切。由此，在我国境内能够从事个人征信业务的机构，需同时受到征信管理部门及市场管理部门的监督。通过两大部门的共同努力，以及较为复杂的市场准入程序，从事个人征信业务的机构可在现阶段基本保障其运营质量，为相关个人提供优质的征信服务。二是规范监督管理，引导个人征信机构业务行为。个人征信机构的业务行为主要包括收集、存储、加工及披露等流程。因此，个人征信机构需严格遵守个人征信法律制度，严格遵守不冒用盗用他人信息实施违法行为的法律准则，以此保证被征信人员信息财产安全。三是确定个人信息主体（被征信人）的权利保护。

在监管和规范个人征信机构的运营行为时，审判部门也起到了至关重要的作用。在"不告不理"的原则指导下，审判部门须在以下情况下以中立第三方的身份，代表国家强制力进行法律裁决。详细来讲，当被征信人主张个人征信机构存在侵害自身合法权益的行为时，能够向人民法院提起民事诉讼；或者，当被征信人收集到个人征信机构侵害其人身、财产安全的证据时，可向人民法院提起刑事自诉。

（三）个人征信监管机制功能的实现

个人征信法律制度和征信监管体系共同构成了个人征信监管机制。征信监管体系是保障征信法律制度功能实现的。

个人征信法律制度不仅拥有一般性的法律，还具有对涉及主体社会行为的规范作用。概括而言，可以划分为以下五个方面：一是指引作用。个人征信法律制度能够引导各涉及主体进行合法合规的个人征信活动。二是评价作用。个人征信法律的不断完善使个人征信行为的合法有效性大大提升。三是教育作用。个人征信法律能够通过强制执行，对涉及主体的未来行为产生直接影响作用。四是预测作用。通过个人征信法律各涉及主体能够依照法律规范事先预见个人征信行为的合法性，有效避免犯罪发生。五是强制作用。个人征信法律，可通过强制手段维护社会秩序及关系，保护各涉及主体财产安全及相关利益。

另外，个人征信法律制度相较于其他法律制度而言，还具有以下特殊功能：一方面，完善的个人征信法律制度有助于推进个人征信业的良性发展。个人征信法律制度基于市场经济发展规律，各级主体对征信服务的需求而产生。因此，个人征信法律制度与市场内部涉及的环境及个人匹配度较高，能够有效支撑个人征信行业的良性发展。另一方面，个人征信法律制度的完善，能够进一步保护个人信用信息。在我国，中国式现代化要求下，信用中国建设进一步推进，个人征信法律制度的完善，有助于规范相关机构的运营行为，通过对征信机构信息采集、存储、加工、现实披露等行为严格管控，充分保障被征信人的合法权益。

世界上绝大多数国家建立了征信模式，也具备了较为丰富的个人征信监管实践经验，本书选取了两个具有典型意义的国家和地区（美国和欧盟），作为本书的国际比较对象。两个国家（地区）既具有个人征信发展的悠久历史，同时在个人征信模式上走出了独具特色的发展之路，同时征信监管机制也适应了各国（地区）的发展实际，对世界各国征信发展具有典型示范意义，各国尤其是发展中国家的个人征信发展和监管，都体现了这两个典型国家（地区）的延续性与发展性，对世界各国个人征信发展和监管具有或多或少的影响。

第三章　美国个人征信监管的实践选择和经验考量

美国的个人征信业已经有将近100年的发展历史，在私营征信机构长期竞争发展过程中，形成了市场化的个人征信发展模式，其监管也体现了更加重视征信市场发展的特征。美国个人征信市场中只存在私营征信机构，而未建立公共征信系统，其征信发展模式也体现了征信机构独立、政府干预不多和竞争性的市场应用发达等典型特征。因此，美国在个人征信监管上构建了具有个人征信行业导向特征显著的立法，建立了较为完善的征信立法，并形成了"政府监管＋自律监管"的多头监管体系，对世界各国征信监管产生了较为深远的影响。

第一节　美国个人征信业发展历程与个人征信体系现状

1841年，美国纽约成立第一家征信所视为其征信业的开端。在发展初期，征信机构零星分布，主要业务集中于区域内部信贷信息交流共享。随着"二战"后美国消费信贷的迅速扩张和20世纪50年代美国信用卡业务的急剧发展，在经济社会中对信用报告的需求量大增，促进了美国个人征信业的迅速发展。征信机构通过收集客户信贷资料评判其信贷风险，降低信息不对称性。贷款公司、金融机构、保险公司或其他企业利用信用判断情况来做出相对应的决策。随着信息系统由人工模式发展到数据库建设，业务自动化也为处理信息提供了更便捷的手段，征信跨区域经营成为可能，原有地区性的小型私营征信机构逐渐不能适应全国性的客户数据要求，不能承担高额的信用收集成本，导致被收购和兼并。21世纪初Experian（益博睿）、Equifax（艾可飞）、Trans Union（环联）三家全国性征信公司成为美国个人信用市场占有量最高的三家公司，并形成垄断的局面。此外，美国还有大量小型个人征信企业或者作为分销商，或者在征信中的某一细分领域进行经营。美国还有独立的分销商开展业务，但规模相差极大，用批发价格购买信用报告，然后更新和更正数据，并再提供评分服务。美国征信业高度集中，且征信机构在多方面进行竞争：价格、覆盖率、数据质量、信用风险咨询、评分服务市场等。

一、美国征信业发展历程概述

限制在全国范围竞争的银行制度被认为催生了征信制度。美国早期征信机构设立的初衷是以贸易信贷风险管理为目的，同时美国人的高流动性和移民的流入使美国对征信业务有了需求，由此，于1841年产生第一家征信所，用于采集地方企业主的信息实现共享，后并入美国最大的企业征信会议——邓白氏公司。20年后的1869年，第一家有记载的个人征信机构在布鲁克林成立，主要是为了记载顾客信息并提供给零售商共享。随着第二次工业革命的兴起，19世纪末至20世纪20年代，美国城镇化发展水平不断提升改善了消费者的消费理念，提升了消费水平，加剧了以零售为主的信贷繁荣，进而促进了征信机构的暴增。1920~1960年，美国金融创新扩张，分期付款信贷、延期支付便利等，激发了消费者需求，美国生产能力不断加强也使消费品成本降低，该阶段计算机系统成为现代征信业发展的催化剂，而伴随着维萨和万事达等信用卡联盟的建立，美国金融大众消费时代来临。1960~1980年，由于信用量激增且征信机构良莠不齐导致信用违约和侵犯隐私事件激增，还导致消费者对征信制度十分不满，这一阶段，美国主要通过制定大量政策法规加强对征信市场的监管。1980~2000年，由于全国性市场变化，促使美国个人征信机构为增加市场竞争力进行了大规模的收购、兼并，以此实现了资源整合。同时，借助不断兴起的互联网信息化技术，征信产业开始走向集中。2000年以后，美国个人征信业持续发展，在国内市场趋于饱和的情况下大型征信机构将目光投向了海外，互联网技术的高速发展也为征信国际化发展提供了技术条件，跨国信用交易有了较大的发展。由美国征信业发展历史可知，美国选择了纯粹市场化的征信模式。美国的征信体系是由独立于政府之外的、由个人或者其他征信机构所构建的信用征信系统，该征信体的管理和运作完全以市场化模式为核心，以自由竞争的市场主体身份收集、加工个人信用信息，为不同场景的信用使用者提供类型多样的信用服务。

二、美国个人征信体系的特点

在市场化的过程中，美国个人征信业走出了一条市场化特色之路。主要体现在以下五个方面：

第一，美国个人征信机构具有独立性，遵循市场规则，以营利为目的。征信机构的征信行为，不受行政机关、商业机构和消费者的干预，在市场竞争中个人征信机构的中立、客观、公正的立场能够得到最大限度的保障。美国的个人征信机构的运作以市场为导向，应信用交易的需求而产生，遵循市场规则进行征信活动，其生存发展取决于市场的变化。市场化的个人征信机构以营利为目的，通过自建的个人信用数据库，采集、加工、使用个人信用信息，形成征信报告为客户资信调查、资信评级、资信咨询等有偿服务，并形成征信报告出售给需方。

第二，政府对征信机构干预较少。国家对于征信机构的设立没有特定的市场准入限制，且个人征信机构是独立于政府、中央银行和金融机构的第三方。美国征信业的产生源于市场需求，国家干预较少，尤其是 1970 年以前，是市场自主发展不受法律和联邦政府的规制。

第三，征信数据较为多元且应用广泛。美国个人征信业处于市场主导，征信业整体竞争激烈，且市场对于征信信息要求较为复杂，征信收集的信息不仅来自公开的政府公共信息，也包括信用信息提供者提供的信息。政府公共信息有法院的破产公告、司法诉讼等信息。信息提供者包括传统信息采集来源方银行、金融机构、保险公司等，非传统信息来源方有各类协会、会计公司、零售业、电信业、电商等。正面信用信息和负面信用信息都属于信息采集范围，因为这样更有利于对个人信用作出全面描述，帮助信息使用者更好地识别风险。不仅收集负面信用信息，还会收集正面信用信息，全方位描述信息主体个人信用情况，帮助信息使用者根据客户情况进行决策。

美国个人征信运用场景由传统的信贷业务、个人租房已经拓展到就业、企业咨询、医疗、保险、教育等更为丰富的场景。随着风险评估种类不断细化，征信机构由可提供单一信用风险评估到可提供资产、破产、偿债、收入预测等服务，由提供简单评分产品到定制化的客户应用和工具，征信在公共服务和社会管理领域开始体现重要作用。在互联网等新兴技术支持下，个人征信应用场景已经深入到美国消费者生活的方方面面。

第四，个人信用信息的采集和输出要运用标准化的格式 Metro 1 和 Metro 2。

Metro 1 及 Metro 2 由美国信用局协会（American Credit Bureau，ACB）[①]制定，是个人征信业务的统一标准数据报告格式和标准数据采集格式。个人征信机构要求信息提供者按照 Metro1 和 Metro 2 的格式上报所有字段，以此实现数据标准化处理。该标准是实现信用数据共享的重要基础。

第五，确立了以促进征信市场发展和消费者权益保护为核心的立法和监管体系。在征信业的法律制定和监管上，征信市场遵循市场主导原则，以消费者权益保护为目标，通过立法和多层次监管的方式构建了美国征信业的监管体系，不仅适应了美国市场化征信模式的发展需要，也促进了征信业的发展。

第二节　美国个人征信监管法律框架和核心法律沿革

市场经济不能脱离法律和监管而自由发展。美国是世界上第一个对征信业进行监管的国家。征信在 19 世纪下半叶的快速发展，影响着越来越多的人口。早期的个人征信业缺乏法律管制，征信机构采用各种方法收集和传递敏感信息，滥用信用信息营销，侵害消费者权益的事情屡有发生。为了保证市场上竞争主体的良性发展，同时为了保障消费者权益，避免市场上出现失灵导致的负面效应，20 世纪六七十年代，美国个人征信立法也加快脚步。截至目前，征信相关立法已达数十项，该法律体系以《公平信用报告法》等规范征信业务的法律为核心，配合以与授信机关和消费者权益保护相关联的法律，形成了比较完备的适应美国个人征信发展的法律体系。美国的个人征信立法总是在寻求保护信息主体权利与促进征信业发展之间的平衡。

一、监管法律框架

美国有关个人征信法律框架主要以《公平信用报告法》（The Fair Credit Reporting Act，FCRA）为核心，配合其他个人征信监管法律，实现信用信息共享和信息主体权益保护之间的平衡。美国主要个人征信监管法律及其核心内容见表 3-1。

[①]　美国征信局联合会是美国唯一的消费者信用报告行业的行业协会，曾颁布消费者信用调查报告的标准，参与起草美国的信用管理专业法律。

表 3-1　美国主要个人征信监管法律

法律名称	生效时间	核心内容
《信息自由法》※	1966 年	联邦政府的记录和档案属于公众财产，原则上向所有人开放，但九类政府情报可免予公开
《诚实租借法》※	1967 年	要求授信机构以信息公开的形式披露以货币单位发放信用的额度；提供贷款成本信息，方便借贷人比较；规定借贷人有反悔权
《信用卡发行法》#	1970 年	禁止向未提出书面申请的人发卡，规定被盗刷后信用卡合法持卡人对损失的最多承担额度等
《公平信用报告法》·	1970 年出台，1971 年生效	对个人征信机构的征信行为过程和信用报告作出规范
《隐私权法》※	1975 年	对联邦机构收集、维护、使用和传播个人信息行为作出规范
《公平信贷机会法》※	1975 年	禁止债权人在信用交易中因种族、肤色、宗教、国家来源、性别、婚姻状况、年龄或参与公共援助计划而歧视申请者。信用申请者有权以他们的出生名、配偶姓氏或合并姓氏的已婚姓名获得信用（引用了消费者权利，扩展了对债权人的要求）
《公平信用结账法》※	1975 年	对《诚实租借法》作出修订。授信机构不得在事前为消费者提供不准确的收费解释、不公平的信用条款；债权人只有在账单正确且债务没有争议时才可将负面信息报告第三方
《住房抵押披露法》#	1975 年生效，2011 修改	金融机构有维护、报告和公开披露抵押贷款信息的义务
《公平债务催收作业法》※	1978 年	规范为债权人追账的第三方机构向自然人追债的活动
《电子资金转账法》#	1978 年	对电子转账活动进行规范，明确责任，保障账户持有者利益；禁止客户使用电子转账方式为借贷授信条件
《公平信用和贷记卡披露法》#	1988 年	对《诚实租借法》作出的修订。对信用卡领用和使用业务操作进行规范，并规定发行机构应在特定情况下进行信息披露
《房屋贷款人保护法》※	1988 年	对《诚实租借法》作出了修订。规定个人住房贷款申请初期，金融机构必须向消费者详细解释诸如年利率、信用额度等金融术语信息
《信用修复机构法》※	1996 年	信用修复中禁止使用不实或误导性陈述，禁止信用修复公司提前收费，信用修复合同要求是书面合同，赋予消费者一定的合同解除权

续表

法律名称	生效时间	核心内容
《公平信用报告改革法》*	1996 年出台，1997 年生效	对《公平信用报告法》作出了修订。明确规定了征信异议处理程序、时限等。对信息报送机构与消费者就信息数据发生的分歧，要求必须标识争议信息，对信息使用人证明信息使用目的、不得滥用消费者信息做了细化规定
《金融现代服务法》※	1999 年	为存储敏感的个人和财务信息的公司规定了隐私和安全保护要求
《公平与准确信用交易法》*	2003 年	是对《公平信用报告法》作出的修订。对欺诈消费者行为和身份盗窃行为进行惩戒，并对受害者提供救济
《多德—弗兰克法案》※	2010 年	设立消费者金融保护局，赋予其超越监管机构的权力，全面保护消费者合法权益

注：* 表示征信监管核心法律；※ 表示与消费者权益保护相关的法律；# 表示授信机构相关法律。

二、核心征信法律沿革

从美国主要个人征信法律列表中可知，美国在 20 世纪 70 年代颁布的法律是整个个人征信相关法律体系的基础。在美国主要征信法律中，有几部法律在美国个人征信法律体系中处于核心位置，这既体现美国"反应式"立法的特点（美国往往需要巨大的公共压力迫使立法者确信应对这件事进行立法）。① 也体现市场化个人征信模式下监管法律的规制规律。

（一）《信息自由法》（1966 年）——创建开放的信息环境

凯恩斯主义在 19 世纪六七十年代盛行，国家对经济和社会生活的干预在深度与广度上都达到了前所未有的程度，但是实际效果却不佳，各国普遍进入经济发展滞胀期。在此背景下，政府对私人的干预未收到良好效果，因此社会对政府干预的合理性产生了质疑。政府为缓解质疑压力，同时在媒体给予的压力下，选择将政府信息公开，赋予公民一定的知情权和监督权。在各方角力的背景下，1966年，《信息自由法》在美国正式出台。《信息自由法》列于美国《行政程序法》第

———

① ［德］尼古拉·杰因茨 . 金融隐私——征信制度国际比较［M］. 万存知译 . 北京：中国金融出版社，2009：114.

552 节，后国会将其编入《美国法典》第 5 编第 S 章第 552 节。该法规定了联邦政府信息公开的标准。政府机构需要公开本部门各级组织接收信息查询的程序、项目内容和方法，提供信息分类索引。公民可向任何一级政府机构提出查阅申请，如查询要求被拒绝，可以申诉，申诉未果后可以提起向法院提起诉讼，法院应优先处理。该法同时对政府部门受理申请和法院受理诉讼的时效进行了规定。《信息自由法》本质上是为了保证公众的知情权，认为政府信息是公众财产。但由于该法本身触碰了政府机关对于政务信息的"保密"原则，且存在立法上的欠缺，导致法律执行早期并不顺利，执行过程中于 1974 年和 1986 年做了修订。

但该法的实施为个人征信机构提供了在不侵犯个人隐私和国家安全情况下采集公共信息的法律依据。该法中涉及个人信用信息的政府公开信息内容主要有"政府裁决所作的最终裁定意见，包括补充意见、反对意见以及裁决决定"。如果政府机关拒绝公开相关信息，那么申请人具有申诉权和提起诉讼的权利，同时还有受救济的权利。而法律对于"申请人"并没有特别资格限制，对"申请理由"也不做任何限制，任何人都可以自由向政府机构申请。该法尽可能地保障了公众的知情权，但同时也使公开的政府信息成为市场上的商用信息，为企业通过这些信息了解顾客和竞争对手提供了机会。

（二）《公平信用报告法》（1970 年）——确立征信机构业务规则

"二战"以后，美国人民收入水平不断提高，个人消费观念发生转变、消费信贷品种增加，美国信用消费市场发展迅速，也导致美国的征信机构数量及规模不断扩大。计算机技术的发展与运用，使信用信息的使用也出现负面效应。主要表现在以下三个方面：一是征信机构的信用报告开始被滥用，而征信机构也一直不断被游说将征信报告扩大用于信贷以外的更广泛的领域；二是不存在主观恶意的征信机构对于错误的信用报告是不用承担责任的；三是司法救济难度非常大，信息主体要付出大量的时间成本和经济成本。个人征信机构逐渐处于强势地位。对于普通美国民众而言，信用制度是灾难性的。

1970 年的《公平信用报告法》是美国特别针对信息产业的第一部法律，也是征信领域最重要的一部法律，列于美国《消费信用保护法》的第六编，位于《美国法典》第 15 编第 41 章，主要目的是用法律规范个人征信机构的征信活动，以程序设置保障信息主体的合法权益不受侵害。《公平信用报告法》是美国征信业至今最重要的法律，对世界征信立法也具有深远的影响。本书将从征信立法的重要原则以及发生变化的角度做出分析和考量。

1.《公平信用报告法》的主要内容

《公平信用报告法》的主要内容围绕披露信用记录、不准确性的程序以及记录使用者的基本责任等。

该法规定了信息采集内容和方式。《公平信用报告法》规定了"消费者""消费报告机构"（个人征信机构）和"消费者信用报告"（个人信用报告）的范围。详细规定了"消费者信用报告"的内容：金融机构提供的数据（个人征信机构最重要的信息来源）、调查性数据（对消费者品行、信誉、个性和生活方式等进行调查了解而得来，规定了严格的披露程序）、消费者信用查询记录（授信机构在决定授信前通过个人征信机构对申请者的信用进行大批量检索数据，用以帮助了解消费者的信用品质）和公共记录（政府机构掌握的且对公众开放的有关个人信用的诸如破产、欠税、民事经济纠纷、犯罪的数据和记录）。在信息收集中，根据《信息自由法》，即使是有些隐私信息的收集不必经由本人同意，但也涉及一些例外，如种族等信息不得收集。但从整体上美国征信立法信息采集自由度较高，这是受美国征信市场化运营模式所影响的。

该法对信息使用进行了规制。在信息使用方式上，消费者报告机构在收集各类信用数据后，对数据进行分析处理后以信用报告、信用评分和其他拓展形式提供给信息使用人。但在具体使用中，法律对消费者报告机构的使用程序作出严格规定。在信息使用范围上，《公平信用报告法》规定除去以雇佣为目的或在消费者信用报告中包含医疗信息外，信用报告使用人可以不经被征信人许可即可使用报告，虽然设定征信机构确定信息使用者身份明确其使用目的的要求，[①] 但从该规定来看，美国对于信息使用的环境是非常宽松的，与欧洲国家严格的信息使用制度对比鲜明。在信息保留期限上，《公平信用报告法》对负面信息保留的规定是：个人破产记录 10 年；负面信息主要包括民事诉讼、民事仲裁或逮捕记录、拖欠税款记录、欠款催收或坏账处理记录、刑事犯罪被逮捕、起诉或定罪的记录和其他不利于消费者的负面信息满 7 年，则不得列入报告。

该法对异议和更正机制做了规定。在《公平信用报告法》中规定四种情形可

---

① 《公平信用报告法》15 U.S.C § 1681 b (a) 相关规定的以下四种用途可以不经过被征信人许可使用：a. 有管辖权的法院的命令或联邦大陪审团发出的传票；b. 有与报告涉及的消费者的书面指示；c. 向有理由相信的下列人员：授信核查人员、以就业为目的的人员、提供保险人员、评估申请人财务状况以颁发执照或给予申请人社保福利资格的评估人员、使用信息评估债务或者预付风险的潜在投资人、服务提供人员或现有保单承保人；d. 应州或地方儿童抚养执行机构的要求，如果提出要求的人能够证明。

以不经信息主体许可即可使用个人信息，但也提及两种例外情形（雇佣目的或者报告中含有医疗信息内容）。从整体来看，对于信息主体而言，获知本人信息情况具有难度，而法律上对获得信息主体许可只有在特定条件下进行，对于征信机构来讲，会为了追求成本的节约而忽视消费者的利益。《公平征信法》规定消费者报告机构必须核实有争议的数据或者予以删除。不准确的信息必须更正，如果某信息甚至在消费者信用公司调查后仍存在争议，那么消费者报告中应加入消费者关于异议的声明。但是针对信息不准确所采取的异议，仅仅针对征信机构，而非信息提供者。这是因为，公众并不认为信息提供者是征信机构。规定了对消费者信用报告机构收到消费者对信用报告信息提出异议并进行更正的程序和处理规则。

监管主体和法律责任规定情况。《公平信用报告法》位列《消费者信用保护法》第六编，因此消费者权益保护机构——联邦贸易委员会就是个人征信的监管机构。联邦贸易委员会主要负责征信机构的审批、制定征信机构的业务规则，同时惩处个人征信中违法行为。对违反《公平信用报告法》的行为，法律规定了民事责任、行政责任和刑事责任，以加强对违法行为的惩戒。

2.《公平信用报告法》存在的突出问题

《公平信用报告法》存在的突出问题是针对消费者的信息共享制度不透明。首先，法律规定由于信息不准确所采取的行动只针对征信机构。针对信息不准确所采取的行动，仅仅是针对征信机构的，并不针对信息提供者（银行、电信提供商或任何其他提供信息的公司）。其次，数据主体获取信息的权利仅适用于征信机构，而不适用于使用信用报告的使用者，消费者因此只能请求征信机构披露所存储的信息，而不能向使用人提出任何要求。放贷者应该告诉客户哪个机构向其提供了这样的记录。

经过几年实践，上述弊端产生一些负面后果。主要表现在以下两个方面：一是《公平信用报告法》对信息提供者没有提出任何要求，既没有规定信息提供者有责任提供准确的数据，也没有规定消费者有权接触银行以了解银行所存储的有关个人的信息。根据法律规定，银行没有义务这样做。二是实践证明，立法要求对异议信息的调查只能在"合理时间"内完成，这是不够的。1991年，美国联邦贸易委员会的报告指出，平均要花费23个月更正信用报告中的错误。从总体上来讲，信息共享的制度对于消费者存在实质上不透明。消费者对于谁采集他们的信息以及出于何种目的共享信息没有任何概念，同时也不懂信息市场的运行，更不明确对于他们信息进行采集加工还能产生利润等。而《公平信用报告法》由于没有任何条款强制信息提供方负有更新或者更正信息的责任，错误会逐渐放大。

（三）1996 年《公平信用报告改革法》——深化征信机构业务规则

《公平信用报告改革法》是对《公平信用报告法》的修订。随着消费信贷和征信的进一步发展，消费者信用报告机构规模越来越大，《公平信用报告法》的立法缺陷被放大，消费者信用报告中有大量不实和不在保存期的信息，且商家利用信用报告向目标克服发送大量营销信息，对消费者权益构成了严重侵犯，也严重侵犯了消费者隐私影响了消费者的生活安宁。随着美国消费者协会的成长并变得日益强大，《公平信用报告法》在消费者与金融服务业和征信机构之间的博弈终于有了极大的调整，1966 年，针对缺陷的《公平信用报告改革法》出台，1997 年生效。

与《公平信用报告法》相比，该法更加明确征信异议的处理程序和时限。详细规定了征信异议的处理程序，消费者报告机构必须对消费者数据不准确的声明进行调查，并要有反馈机制，同时要免费提供给消费者一份信用报告。如果信息确有错误，那么消费者报告机构在 30 天内要消除错误信息。如果消费者报告中的条款发生变化或被删除，那么最大的征信机构必须通过全国征信机构联合通告系统互相告知，以确保更正信息能够实现全面及时覆盖。全国征信机构联合通告系统有利于信息在通告后被及时了解。

同时规定信息报送机构有义务确保信息的准确性。该法明确了信息提供者的责任义务，主要体现在以下两个方面：一是规定了信息提供者有义务提供准确完整的信息。已知有错误的信息不得向消费者报告机构提供；对于已经提供的信息发现有误或者不完整，则应立即通知消费者报告机构并提供更正后的信息；如果消费者和信息提供者就信息存在争议，那么信息提供者应标明争议信息，否则不得提供给消费者报告机构。二是信息提供者有义务处理信息异议。如果消费者向信息提供者提出争议，那么信息提供者应当立即核实征信信息、复查信息，并及时向消费者提供复查结果；如果经复查发现信息确有不实（不准确、不全面），那么信息提供者应将核查结果向收集或者存储该信息的全国性消费者报告机构通报该核查结果。

该法也加大了对信息营销行为的规制。针对信息营销行为导致的个人信息被滥用严重影响个人隐私和生活的情况，社会公众期待能够实现只有在消费者本人明确要求的前提下，才可以将名单提供给商家。但这和美国保障信息自由流动的信息共享制度初中相背离，也会严重影响商业机构利用信用数据进行业务拓展的行为，进而会限制征信业务的发展。如对于获取预选名单的授信人，要求必须对预选名单上的消费者提供"肯定的授信要约"；且消费者报告机构要建立确保消费者从预选名单中退出的机制。一旦消费者选择退出，再有商家进行营销，执法部门会对违法营销商家进行惩戒。

同时该法也增加了与其他法律协调的内容主要体现在以下两个方面：一是与《债务催收改进法》（1996年）保持一致，在《公平信用报告改革法》增加了消费者报告机构向执行催收赊欠债务的联邦政府提供消费者识别信息的条款；二是与《情报授权法》保持一致，在《公平信用报告改革法》中将合理确信进行反间谍业务的联邦调查局列为合法用户。这一方面从实际上扩大了消费报告机构的服务范围，联邦政府成为合法用户；另一方面也将消费报告机构纳入了政府金融监管范畴。

此外，该法还规范了信息经纪人行为。信息经纪人从事消费者信息转售买卖的中间人，这在美国征信市场上是允许的，但1970年《公平信用报告法》没有有效规定，《公平信用报告改革法》对以转售为目的的信息经纪行为进行了规制。规定不经事先报告消费者报告机构其最终用户身份或提供给最终用户报告是符合法律规定的用途的，则不得以转售为目的订购消费者信用报告。如果以转售为目的而购买报告的，那么要有合理程序确保转售对象使用信用报告的用途是合法的。

（四）1999年《金融现代服务法》——针对非附属机构与征信机构的信息共享监管

《金融现代服务法》的颁布是美国金融业混业经营的开端。从20世纪80年代起，放松的金融管制使金融制度不断创新，创造性运用法律进行金融创新的业务越来越多。由于银行业受法律约束不得兼营其他业务，且不得不与外资银行、其他行业的互助基金、租赁公司、投资银行、财务公司甚至可以提供各种销售融资的大型商家的竞争，银行业面临严峻挑战，原来信用中介的垄断地位逐渐丧失，同时还要面对其他金融机构如证券、保险进行混业经营金融创新的压力。在此情况下，《金融现代服务法》规定允许银行、证券公司、保险公司和其他金融服务提供者之间可以联合经营，金融机构可以设立控股公司，同时控股公司可设立下属附属公司（子公司）进行银行、证券、保险等金融业务。在混业经营背景下，对消费者权益的侵害更加隐蔽，因此《金融现代服务法》对金融隐私保护做了详细的立法规定。该规定对征信业监管也产生了影响，主要基于两点：一是对附属机构（子公司）在进行交叉营销和销售时可能会侵害客户隐私权；二是对非附属机构（联营第三方）与金融机构的信息共享加强了监管，具体表现在以下三个方面：一是设定隐私条款加强对消费者权益保障；二是规定消费者有权拒绝金融机构向非附属机构分享信息；三是功能性监管机构的引入。

（五）2003年《公平与准确信用交易法》——防范身份盗用风险

《公平与准确信用交易法》是对《公平信用报告法》的修订。20世纪90年代，随着计算机、网络技术的发展，身份盗用已经成为美国增长最快的犯罪行为，驾驶证、社会保险号等在内的个人身份信息经常被盗用且受害人长时间不能觉察。该法对《公平信用报告法》做了修订，增加了新的章节。

新法赋予消费者监督法律实施，消费者有权每年一次获得免费信用报告。消费者可以每年从某一家（三家大的征信机构：益博睿、艾可飞、环联）获得一份免费信用报告；明确规定消费者如果发现自己是身份被盗用的受害者，可以进行欺诈预警设置；新法提升了信息提供者对信息关注的水平。如果信息提供者有合适的理由相信特定信息是不准确的，可以不报送该信息。也等于是赋予了消费者一项新的权利，要求对特定信息直接从信息提供者处进行再调查。信息提供者在30天内就异议信息进行再调查；规定全国性征信机构就欺诈预警进行互相通知，要求指导消费者了解身份盗用进行投诉程序并要向其他全国性征信机构提出信息限用要求或欺诈预警；设立个人账户截断和消费者报告销毁程序，保障消费者权益。

从美国征信监管法律和核心法律发展过程来看，从决定是否立法、立法如何调整，都是针对市场的发展而变化的。市场给现存制度带来挑战，那么立法随之可能调整是美国征信立法的第一个特点。这既体现美国征信"市场化"模式特点，也体现征信立法本身的适应性特点。适应的征信立法推动征信业发展，而不适应的征信立法会对市场形成阻碍。美国征信立法的第二个特点是越来越多的责任被赋予了征信公司和信息提供者，与此同时消费者的权利在逐渐增加。从整体上来看，美国征信立法是具有行业导向特征的立法，立法者会对随着行业发展而出现的新情况而不断地修正法律制度。

第三节　个人征信机构的监管体系

美国确立了多部门共同监管体系。20世纪70年代以前，美国征信业处于自由发展状态，既没有制定征信相关法律，也没有建立监管体系。但从20世纪60年代末，由于美国金融创新扩张使市场中的征信机构急剧增长，但却有很多消费者因为征信机构提供带有错误或已过储存期信息的信用报告导致贷款机构不公平对待消费者而无法获得贷款，并且没有法律监管的征信机构在采集和使用个人信息时无所顾忌导致消费者个人信息被滥用，导致征信功能失灵，其负面影响不仅严重影响消费者权益，降低市场效率增加了征信成本，也影响了征信市场的健康发展。从20世纪70年代起，美国开始对征信行业进行立法规制和征信监管，在保证信息有效分享的同时，又不会对这种资源共享系统产生消极影响。美国在长期市场化征信进程中，形成了"政府监管＋自律监管"的监管体系，在政府监管方面，并没有设立统一的监管部门，而是由多个部门从不同行业监管的角度共同行使监管权力，形成实质意义的多头监管局面。除政府监管以外，行业自律组织也发挥了积极的监管作用。除联邦层面的政府监管，美国各州政府也有金融监管部门对征信进行监管。

一、以联邦贸易委员会为主的多头政府监管

如前文所述，美国《公平信用报告法》对政府监管作出首次规定。根据该法，联邦贸易委员会（Federal Trade Commission，FTC）是主要的征信业监管执法和法律权威解释单位。目前形成的联邦层面的主要执法部门有联邦贸易委员会、消费者金融保护局（CFPB）和司法部。CFPB和FTC共同行使监管个人征信机构，司法部则负责对违法行为提起民事和刑事诉讼。除此之外，还有征信关联执法机构，主要有联邦储备委员会（FRB）等五家执法机构，分别在各自行业内制定监管法律并履行监管职权。个人征信监管机构根据法律的要求制定实施条例和执行指引，供征信活动相关机构在业务运营中执行，并对信息处理机构的操作合规性进行监督检查，对信息加工者违法行为进行处罚并解决争议。

（一）联邦贸易委员会和征信执法关联机构的监管

2010年《多德—弗兰克法案》出台之前，FTC一直是征信业的主要监管机构。FTC监管对象主要有消费者报告机构（个人征信机构）、信用信息提供者和信用报告使用者，监管内容为信用信息采集、处理、使用等行为的全过程，监管重点是消费者权益保护。FTC按照《公平信用报告法》和《联邦贸易委员会法》进行管辖，联邦贸易委员会具有设置程序、调查和执行的权力。

征信执法关联机构征信执法关联机构主要负责监管相对应行业内金融机构的授信行为，主要有五家：①联邦储备委员会，主要负责对银行机构进行行为监管。

②货币监理局，是对联邦银行（含分支机构、外国银行的联邦分行等）进行监管的机构，其设有消费者支持小组，专门为消费者答疑并处理消费者投诉。③存款保险公司，负责监管联邦储备系统的非会员银行及外国银行在其处投保的分支机构。④国家信用联盟，负责监管联邦信用社，受理消费者的书面投诉并进行答复。⑤储蓄监督办公室，主要处理消费者的投诉，储蓄协会根据内部调查结果向储蓄监督办公室提供书面回复。

征信执法关联机构主要监管内容为确认金融机构是否信用报告的用户、是否在法定范围内使用信息、是否有必要披露、是否保证信息的准确性和披露程序的合理性。

（二）消费者金融保护局（CFPB）的监管

《多德—弗兰克法案》（2010 年）又称《多德—弗兰克华尔街改革和消费者保护法》，是美国金融改革历史上具有里程碑意义的一部法律。该法重塑了美国金融监管框架，防范金融系统性风险，加强金融系统中的消费者保护。根据该法，美国在联邦储备系统之下成立消费者金融保护局（CFPB），将分散在各个机构中涉及消费者保护的职权集中于 CFPB。

2012 年后，CFPB 成为美国最主要的个人征信业监管机构。CFPB 以《多德—弗兰克法案》列举的《公平信用报告法》等 18 部法律为监管依据，进一步保护金融消费者的利益。此外，CFPB 具有宽泛的规则制定，其权力具有延展性。经过法律授权后，CFPB 可以在其认为是必要或者适当的情况下，制定规则、发布命令和指引。

CFPB 与 FTC 从联邦层面对大型个人征信机构进行监管。《多德—弗兰克法案》还赋予 CFPB 对资产超过 100 亿美元的大型银行以及非银行金融实体的执法权，2022 年以来 CFPB 对非银行实体如金融技术公司等，用于保护消费者权益。

（三）联邦贸易委员会（FTC）和消费者金融保护局（CFPB）之间的协调

尽管联邦贸易委员会、联邦储备委员会等审慎监管机构的职能被移交 CFPB，保护局享有制定规则的专有权，但是保护局与审慎监管机构在对被监管对象采取行动时仍然需相互协调。同时，对于征信机构的监管也并未完全移交到 CFPB 手中。

2012 年，FTC 和 CFPB 在执法活动、规则制定、信息共享等方面进行了深度合作，来保护消费者的权力。但在实际执法过程中，还会涉及 CFPB 和 FTC，如果都有监管权，那么应按照双方协议确定的内容执行。

二、行业自律协会

美国征信行业经历上百年的发展，自律协会也发挥了很大的作用。自律协会是根据消费者和企业需求而发展壮大起来。美国大量的信用交易为自律协会发展提供了良好的环境，而自律环境也为征信发展起到了良性促进作用。

美国征信协会主要有三家，分别为全国信用管理协会（NACM）、消费者数据行业协会（CDIA）和美国国际信用收账协会（ACA International）。

1. 全国信用管理协会（National Association of Credit Management，NACM）

成立于 1896 年的 NCAM 可以说是美国历史最悠久的民间行业协会，有 1.5 万家的企业和个人会员，包括商业信用专业人员、征信机构、信用自律组织、信用信息细分行业自律组织和金融管理机构等。NACM 长于商业信用拓展，业务范围涉及行业自律、信用管理服务、信息共享、信用宣传、行业培训和学术交流等。NACM 还开发信用管理者指数（Customer Management Index，CMI），用于衡量美国经济的整体信用状况。

2. 消费者数据行业协会（Consumer Data Industry Association，CDIA）

成立于 1906 年的 CDIA 是美国唯一的消费者信用报告行业的行业协会，深耕消费者信用报告领域，曾参与起草征信管理法律，也颁布过消费者信用报告标准。CDIA 以"消费者为中心"为会员提供信用报告、抵押贷款报告、租户和雇佣筛选、欺诈验证等服务。CDIA 拥有包括益博睿、艾可飞和环联三家大型征信机构和地方信用局、房屋贷款风险管理公司等的 140 多名会员。CDIA 对美国征信业作出了突出贡献，其与 FTC 共同制定了《数据报送资源指南》，设计了征信数据的采集格式 Metro 2。设定标准字段和字长的 Metro 2，要求信息提供者按照统一标准的计算机数据输入标准格式提供信息。Metro 2 对于统一信息格式标准，确保数据真实完整准确具有重要意义。

3. 美国国际信用收账协会（ACA International）

创立于 1939 年的 ACA International，是全球最大的信用及商账专业人士协会，其前身是美国收账者协会。ACA International 是商业债务催收行业的自律组织，制定约束从业人员的严格的职业道德准则，提供从业人员专业培训、从业人员资格等相关培训、举办从业人员资格考试，处理消费者对会员投诉等方面的工作。ACA International 有近 5000 家会员，包括商账管理者、信用担保人、资信提供商、信用局、专业律师事务所等业内权威机构，其业务遍布全球。

美国的行业协会是伴随征信市场的发展而建立的，从上述三个主要协会的职能上来讲，行业协会都有自己专属业务领域且都发挥着积极作用，行业协会作为征信机构的发声者和利益代表，也可以就行业利益向政府提出诉求，维护征信行业整体利益。总体上来讲，行业协会在美国征信监管中体现了专业性、自律性、共益性、公允性的特点。

美国对征信业的监管，在行政监管和自律监管上分别设定了不同的边界，也都有相应的权限划分，在发挥监管职能的过程中也在充分进行沟通协调，行政监管的刚性与自律监管的柔性体现了平衡统一的特点。

第四节　美国个人征信监管机制的经验与不足

一、美国个人征信监管经验分析

（一）平衡性立法与平衡性监管

平衡性立法及平衡性监管主要体现在以下四个方面：第一，立法中的平衡性。美国市场化的个人征信模式，个人征信是信用市场建立的基础，这也决定了立法既注重个人征信机构的发展，会对个人征信机构的运营留下适度发展空间，也注重对消费者个人权益的平衡，考虑消费者保护的需要。美国在征信立法中对平衡的临界点并没有规定，但美国的征信立法正是在"风险可控"的原则下，不断随着国内政治经济形势的变化而不断发展，以从制度层面降低征信失灵的情况发生。

第二，征信立法发展史中实现了平衡发展。个人征信立法平衡性在不同阶段有不同的表现方式，体现了立法在处理征信机构征信权与个人隐私权冲突中的平衡性。在发展初期，美国强调"沟通特权保护"，认为个人信用信息、个人信用报告属于公众言论，对于错误的信用报告，如果没有主观恶意，那么个人征信机构无须担责。截至 20 世纪 60 年代，对于个人信息保护和隐私权保护的呼声日渐强烈，对于个人信用报告的认识上升，且市场发展过程中征信报告商业性特征更加突出，就此美国对个人征信行为进行监管，并将消费者隐私权保护和信用利益作为保护的重点。可见在不同的发展阶段，美国对于个人征信监管的重点保护并不相同，但体现出平衡发展的特点。

第三，在信息立法中平衡了信息公开与信息保护。虽然美国的征信业法律保护起点是《公平信用报告法》，但为征信立法奠定基础的是《信息自由法》（1966年），该法保障了政府信息为公众所了解的知情权，其后1974年出台的《隐私权法案》用于保护信息流动中的个人隐私。信息公开与信息保护密切相关，美国的信息立法正是在信息公开与信息保护的博弈中平衡发展。信息保护立法主要针对信息流动中也可能出现侵害个人信息权的行为，隐私权是美国个人信息保护的权利出发点，在不同行业均有保护隐私权的相关法律规定。《公平信用报告法》也呈现明显的平衡保护特征，即在信息开放和信息保护之间实现着一种平衡，其中，规定有关隐私权保护和个人征信权利的内容。《公平信用报告法》对哪类信息属于隐私信息，哪类信息属于可收集的个人信用信息作出了规范，并在收集范围内用统一的信息标准加以约束；同时规定信用信息使用目的要是正当的，有相应程序证明使用正当性保证信息不被滥用；也对信息使用的准确性完整性作出规定，同时用同意权异议权去保障。保障信息的合法流动并实现隐私权等个人权利的保护，这些在《公平信用报告法》的修订过程都是有据可循的。信息自由和个人信息保护在美国征信立法中的平衡性在于公平、合理的原则在两者之间作出平衡。

第四，在征信监管中平衡性主要体现在政府监管和行业自律的协调上。美国征信业采用市场化运行方式，这既体现在征信机构的产生与发展上，也体现在征信行业发展中自律协会的业务建设和专长领域形成上。征信立法确定政府的监管职能，政府也通过立法的形式在监管范围内对征信活动各方主体权利义务进行规范，履行刚性监管职责；而行业协会根据其在细分专业领域上依照行业协会章程来制定行业规则、确保行业主体利益、维护行业公允、推动行业发展，履行柔性监管职责。政府监管和自律监管统一于对促进行业发展、维护各方主体权益的目标原则上。

（二）分散化立法模式，法律制度体系完整

在经济领域中，信贷、金融和银行业是信用需求最为集中管的区域，美国的信用制度的起始点也在经济领域，信用的需求催生了信息共享，也因此有了征信体系的产生与发展，监管机制随之建立，但在开始阶段主要是针对经济领域的征

信问题。随着经济、政治和社会等方面的发展，以及计算机、互联网技术的蓬勃发展，美国也兴起许多与信用相关的产业和机构，征信产品和服务应用产品覆盖的领域逐渐增多，且因此引起其他社会领域问题。由于美国征信市场是市场主导而非政府主导，美国的征信立法也体现这种随着市场发展为解决某一领域问题而进行"反应式"立法的特点。美国在个人征信领域并没有统一立法，而是采用一种分散化立法的形式，在某一领域、某一方面针对实际问题而进行相关立法。

虽然是分散化立法形式，但美国对征信业的立法原则是既要保护征信业的发展，也要保障消费者利益，因此其立法也贯穿着这条主线。从 1966 年《信息自由法》为个人征信业奠定一个良好的信息基础开始，1970 年《公平信用报告法》详细规制了个人征信机构的信息采集、使用、异议行为，并明确了个人征信机构的监管主体以及侵犯公民个人信用利益所承担的责任，及至由于征信外部环境变化而导致的两次大的修订，若干次小的调整，通过不断修正与深化征信机构的业务规则，进一步保障信息主体的权益。在核心法律以外，另有《信用卡发行法》等针对授信机构的法律，《诚实租借法》《隐私权法》等涉及保护消费者个人权益的法律，都对个人征信业从不同领域和角度进行着规制，也具备了立法的体系性和完整性。

（三）失信惩戒机制和失信修复机制共同发挥作用

美国的市场化征信体系本身建立于一个相对良好的信用意识环境体系内，而随着市场化的发展，美国良好的失信惩戒机制使公民的信用意识更加提升。失信惩戒机制得以发挥正向作用一般基于以下三点：①政府和民间的信用信息要对征信机构开放；②专业化征信机构构建数据库和共享机制；③社会上形成的联合防范机制对失信者形成信用使用压力。

在美国征信法律中，要求信用信息提供者或者行政机构将信息主体的负面信息或者处罚裁决判决等信息报送给征信机构，征信机构以信用报告的形式上传数据库并给予一定程度的公开，被列入黑名单的信息主体意味着在社会交往中非常艰难。美国有较为有效的信息共享和征信系统，以法律保障了各类信用信息的公开，通过法律扩大信用报告使用范围，对失信者进行惩处等方面对失信主体形成了一种自主型的惩戒机制。

美国建立了较为完备的失信修复机制，这也是失信惩戒的有机组成部分。失信修复机制为失信主体改正自新、重塑信用创造了机会。美国《公平信用报告法》

《公平信用报告改革法》《信用修复机构法》对处理异议程序和进行信用修复的程序和内容作出了规范，主要采取以下两项措施：一是告知消费者自行修复的权利；二是明确服务协议的内容和消费者的权利。信用修复机构作为专业组织，可以协助消费者加快异议申请利用合法途径消除负面信息，也可以指导消费者用多种手段提升信用评分。

二、美国个人征信监管机制的不足之处

（一）分散化立法法律规范之间的协调成本较大

分散化立法具有一体两面的特征，虽然分散化立法适应了市场化征信机构发展，且形成了完备的体系，但复杂法律之间的协调方面，信息主体在运用法律和使用法律进行维权方面会付出更多的成本。但美国不同领域都有与信用相关的法律，条文众多，相关规定存在冲突，导致实践中违法不断。

（二）政府无专门的征信监管机构

美国政府在监管中没有专门的征信监管机构，这也是美国征信监管的一个特点。在讨论立法和监管平衡性时，曾经提到过美国征信监管中行业监管的特点，行业监管的特点既是适合美国立法，也是适合美国国情发展的。研究发现，FTC和CFPB在进行两个部门的监管协调时，付出了较大的时间成本和社会成本，两年时间达成一个有三年时效的协议。监管机构的不统一，本质上也是由于美国坚持市场导向的信用管理体系，并且过于强调自由主义的制度模式所导致的。多头监管在建立良好协作机制的基础上，能够在执法过程中发挥最优效果。但监管机构之间不能实现良好协调时，就会导致监管出现漏洞或者侵权问题的发生。因此，在美国征信监管实践中，存在三个层面的监管冲突问题，既在于法律之间，也在于监管部门之间司法适用时。主要体现在以下三个方面：一是联邦层面的横向法律冲突；二是州际之间的横向冲突；三是联邦和州之间的纵向冲突。在美国征信监管的历史上，就曾经出现过地方信用保护主义的倾向。

（三）隐私信息定义不明确，法律执行尺度难以把握

《隐私权法》对于隐私权的保护是一种开放性的保护，对隐私的标准并不清

晰，且美国相关法律或者法律性文件中都没有将隐私进行明确定义。美国的市场化个人征信模式更倾向于信息共享，因此，在法律中没有确定其明确范畴。哪些信息属于隐私信息，哪些信息属于一般可采集的信用信息，这为个人征信监管制造了一个难题。这就导致大数据时代信息共享实践中难以把控具体信息的范畴，很多主体都面临侵犯主体有关隐私、商业秘密和国家秘密的实践困境。

第四章 欧盟个人征信监管的实践选择和经验考量

与美国相比，欧盟的征信体系模式和征信监管机制都有显著不同，这是由不同国家不同阶段的经济发展现状、特定的历史传统和文化背景所决定的。欧盟没有统一的征信立法，但信用的基础是信息，欧盟对征信的规范是通过数据保护实现的。由于历史原因和文化原因，对于个人权利的保护是信息流动中首要考虑的因素，因此欧盟的征信监管机制体现出了与美国征信监管机制不同的监管原则和理念。但欧盟创设的个人数据保护标准和规则，已经成功地推动了很多国家包括我国在数据保护方面的立法进程。

第一节 欧盟个人征信机构类型

欧盟国家个人征信机构大体可以分为公共征信机构（PCRs）和私营征信机构（CRAs）两类。欧盟国家征信机构的主要功能在于通过帮助贷款机构对借贷人的信用风险进行评估，进而确定是否授信。但在德国、英国这类国家，私营征信机构的信用信息（信用数据）①也会提供给通信、公共事业或邮政等服务提供商，这些服务提供商根据信用数据决定在消费者逾期付款时是否提供进一步的服务。

由于各国征信市场成熟程度、法律架构、文化传统、历史原因以及金融需求在内的一系列因素使欧盟出现了政府主导型、市场主导型和混合型个人征信模式三种类型：①政府主导型以法国和比利时为代表，征信市场中只有公共征信机构；

---

① 欧盟法律对于个人信用信息表述一般为个人信用数据（personal data），本章为了避免歧义，使用个人信用数据的表述方式。

②市场主导型以英国为代表，征信市场上只有私营征信机构存在；③混合型以德国为代表，公共征信机构和私营征信机构并存于征信市场。

绝大多数欧盟国家都是采用政府主导型和混合征信模式两种，只有比较特别的英国，采用了和美国一致的市场化征信模式，而由于征信模式的不同，导致其征信体系上与欧盟主要国家有显著的差异。究其原因大概有两点：一是英国是早期资本主义强国，经济发展水平较高因而征信业发展较早；二是美国的崛起给英国征信建设带来了深刻的影响。

一、公共征信机构

公共征信机构是欧盟国家典型的征信机构类型，德国1934年建立了第一家公共征信机构，随后法国、意大利、西班牙等国分别建立各自的公共征信机构。公共征信机构由国家以立法形式授权公共权力部门，依法设立用以实现信用数据收集和分配。公共征信机构对于所在国来讲，还具有防范金融风险的作用。例如，比较典型的法国，其公共征信系统是由法兰西银行（中央银行）为了避免银行集中管理的过度风险，同时满足人们贷款需求而建立的，后来发展成为法国的信用风险登记系统，有企业信贷和个人信贷两个系统，皆由法兰西银行统一管理。

公共征信机构在信息的收集方式、收集范围、信息使用上带有公权力的特征。征信机构依法向信息提供者强制收集，信息提供者有义务将信用主体的信用数据上报，如果信用数据出现错误、不完整或传输缺失等情况，那么公共征信系统的主管机构有权利要求信息提供者更正信息，否则将会受到处罚。征信信息的收集范围，由于公共征信机构的特殊性，其收集的重点主要在于信息主体在信贷信息（贷款额度、期限、贷款担保），而一般不收集信贷以外（如公共事业、通信等）的信息。在信用数据的使用方面，公共征信机构通常只向授信机构提供借贷人的信用报告，而无其他的信用服务，例如，美国常有的信用评分或者风险评估等服务。

二、私营征信机构

私营征信机构由私人所有，采用市场化形式运营。比较典型的是英国的征信机构，市场进入较为宽松，私营征信机构通过政府公共渠道或者金融机构收集信用数据，进行加工处理后形成信用报告，信用报告要由信息使用者以购买的形式获取。私营征信机构在收集、流转、使用个人信用数据过程中，需要和金融机构根据合同以互惠的形式进行。在私营征信机构运行中，征信机构、信息提供者（非政府公共渠道）和信息使用者是平等的市场主体关系。

私营征信机构提供的信用服务与公共征信系统相比，范围要更为广泛，涵盖个人信用调查、信用评级、信用保险、商账追收等。由于私营征信机构是营利性机构，因此其在开发征信产品、提供信用服务方面内驱动力更广，可以满足市场多元、个性化、差异化需求。私营征信机构可以向金融机构、消费金融公司、公共事业、通信公司等提供基于不同场景的征信报告，其中，既有正面信息，也有负面信息，帮助信息使用者对客户有更全面的了解，判断风险，作出决策。私营征信机构还可以提供信用评分服务，典型的如德国最大的私营个人征信机构——舒发公司（Schufa），采用 0~100 的评分制度，评分体系包含了个人身份的基本信息、住址、信贷记录、银行账户信息、保险信息、住房、电话和网络缴费情况、犯罪与个人不良记录信息，用统计模型量化出评分，分数越高信誉度越高。

由于征信行业具备规模经济的特征，欧盟有私营征信机构存在的国家，其市场结构和美国市场结构相同，个人征信市场呈现出垄断特征。如德国，舒发公司（Schufa）占到市场份额的 90% 以上，在该国市场有支配地位。此外，还在瑞典、芬兰、意大利等国，由一家或两三家大型征信机构垄断市场，体现了征信市场结构的成熟度。

第二节　欧盟个人征信监管机制

欧盟自主立法主要是为了实施欧盟的基础条约而进行的独立立法，欧盟自主立法形式主要有法规（regulations）、指令（directives）、决定（decisions）、建议和意见（recommendations and opinions）等，各种形式立法效力不同。其中，效力最高的是法规，具有普遍意义，是各国要直接适用的法律，指令、决定、建议和意见逐次降低。在个人征信法律制度方面，各国的法律制度框架从欧盟法规、成员国法律和征信行业规则三个维度搭建，从个人征信监管体系方面，各国一般设立专门的监管部门（如个人数据保护部门）对法律执行情况监督，以维护个人作为信息主体的合法权益，恰当地平衡信用数据共享和个人隐私权保护的征信立法宗旨。

一、欧盟立法和各成员国立法

欧盟的信息保护（数据保护）立法以促进数据流通和保护个人权利为立法目的，其对信息数据进行的规范与信用监管相关，即欧盟的个人征信立法。个人信息立法从最开始就体现将数据保护作为人格权进行严格保护的立法思想，并在立法之初就对个人数据条款做了严格限定，数据保护是对征信行为规制的前提条件。该立法思想贯穿于欧盟数据立法的始终。

1981年，欧洲议会通过了旨在保护个人数据的《保护自动化处理个人数据公约》，是世界上首部在保护个人隐私、规范数据使用、促进数据共享的国际公约。

1995年欧盟颁布《涉及个人数据处理的个人权利保护以及此类数据自由流动的指令》（EU 95/46/EC，也称《数据保护指令》，以下简称"95指令"），为欧盟成员国立法保护个人信用数据设立了最低标准。该"95指令"以保护成员国公民在数据处理过程中的个人隐私权和促进信息在成员国内外的依法分享和流动为立法目的。在"95指令"中规定个人信用数据的收集、保存、处理、获取和删除规则，违反该指令的法定责任，欧盟成员国内部和欧盟与外部国家之间的跨境征信信息的流动规则。该"95指令"对个人征信机构收集和使用个人信用数据做出了严格限制，赋予了征信主体所享有的权利。该指令对于欧盟个人信息保护的制度性建构起到了基础性作用，促进了欧盟信息的自由流动且保障了个人的信息权利与自由，对欧盟各国征信机构发展具有深远的影响。

"95指令"深入实施的过程伴随着互联网大数据技术的迅猛发展，这也为欧盟在个人数据保护方面带来了新问题。首先，随着互联网技术的发展，海量数据的处理手段不断增加，个人数据的收集整理在广度和深度上都达到前所未有的高度，个人信用数据隐私被侵犯的事件发生频次和危害程度也都大幅提升，"95指令"已经逐渐不能实现保护自然人基本权利和自由及实现个人数据自由流动的立法目标。其次，个人信用数据的社会价值和经济价值不断被挖掘，数据也逐渐成为当今世界最为宝贵的资源之一，保障数据安全也成为欧盟的现实所需，尤其是在与美国的跨境数据流动中处于不利位置，原有法律已经不能保障数据安全所需。最后，"95指令"效力不高，只规定适用的最低标准，导致各国在适用时执行尺度不一、执法分散，造成欧盟内部数据流动效率低、增加了协调成本。为应对这些新挑战，欧盟决定重新架构个人数据保护法。2012年，欧盟委员会通过《通用数据保护条例》（General Data Protection Regulation，GDPR），对实施近17年的"95指令"进行了修订，但由于争议较多，4年后的2016年，欧洲议会才最终通过GDPR，并规定该条例在2018年5月25日生效。

GDPR 与 1981 年的公约和 1995 年的指令相比，其适用范围有了很大拓展，主要体现在以下三个方面：一是对数据责任主体做了扩充，将原来只有数据控制者作为责任主体，GDPR 增加了数据处理者，该类主体的增加将为控制者处理数据的个人和组织纳入监管范围，数据处理方也负有义务，一旦自身处理数据行为不当也要接受处罚。二是扩大了适用范围。"95 指令"管辖是属地管辖，但 GDPR 将适用范围扩展到欧盟内外的数据控制者和数据处理者。基本原则是只要收集、处理数据的活动关乎欧盟境内数据主体，或监控的数据主体行为发生在欧盟，无论数据控制者或处理者是否在欧盟内，也无论是否支付了对价，那么都要接受 GDPR 的管辖。该管辖权以对数据主体的影响为中心，对原有属地管辖做了极大的扩充。GDPR 的这个变化也体现了其对域外大型互联网机构（社交、购物等企业）和域外征信公司等组织进行的跨境数据流动频繁行为的法律回应，如果这些组织继续对欧贸易那么必须要接受法律管辖。三是规制内容增多，数据权利主体权利扩张。对数据的定义，严格按照"可识别性"进行判断，并扩充列举个人信息的内涵，同时增加特定类型个人数据的分类。同时加强了数据主体权利，尤其是积极权利，数据主体对数据控制能力大大增强。

GDPR 作为欧盟强制性法规，强制各国必须适用，并优先于本国法律。GDPR 的通过也意味着欧盟数据保护程度达到前所未有之高，堪称史上最严格的数据保护条例。GDPR 建立一套高标准的数据保护机制，以个人数据保护纳入自然人基本权利为前提，旨在明确和保护在欧盟各国和其他许多国家／地区的数据主体（被访者／数据主体）和数据处理者（电子商务、营销和 IT 企业）之间的关系，以及任何处理数据的人或组织（数据控制者）应遵守的规则。

此外，欧盟《消费者信用指令》（CCD，2008/48/EC）、《资本要求指令 IV》（CRD IV，2013/36/EU）和《资本要求规则》[REGULATION（EU）No.575/2013]分别从不同的角度对征信机构作出了规范。CCD 从保护消费者的角度，规定征信机构必须遵守数据保护法，确保数据主体可以公平地获取征信数据库的个人信用数据。CRD IV 和 CRR 对于信用风险模型评估的征信数据规则做了明确规定，并且要求个人信用评价必须出于谨慎目的。

二、欧盟成员国个人征信立法现状

在欧盟成员国内，征信机构应当遵守成员国本国内的法律，各国国情不同，立法情况也不尽相同。欧盟成员国内涉及征信监管的法律大致有个人数据保护法、消费者保护法、银行法和商法典等征信相关部门法。由于"95 指令"是具有约束力但不具有强制力的欧盟法律，各国根据自身文化传统、经济特点、监管实际等国情，尽管针对"95 指令"对本国立法做了不同程度的调整，以配合"95 指令"的立法指导，但也导致成员国内部标准不一、保护水平不一致。

2016 年 GDPR 通过后，在两年缓冲期内，各成员国都根据本国实际情况对 GDPR 作出了响应，各国在 GDPR 统一监管框架下对本国法律作出调整。各国的调整大体上通过两种途径进行：

第一种是成员国政府修订本国已经存在的法律，代表性国家是在个人信用数据保护方面有丰富立法经验的德国和法国。1977 年德国已经制定《联邦数据保护法案》（以下简称《法案》），且该《法案》中的部分条款已经成为 GDPR 的规定，在此情况下，2017 年德国颁布《新联邦数据保护法》，对 GDPR 的条款做了补充；法国在 1978 年制定《信息与自由法案》，后根据"95 指令"对《信息与自由法案》调整，并于 2018 年 GDPR 生效前通过《信息与自由法案》的修订草案，且在 GDPR 生效后又颁布《个人数据保护法》以促进 GDPR 的实施。

第二种是欧盟成员国缺乏相关立法，一般采用全面借鉴的方式将 GDPR 直接纳入本国体系，代表性国家是比利时等中小国家。2018 年比利时对本国个人数据保护法做了调整，通过了《关于在处理个人数据方面保护自然人的法律》，相当于该法体现了 GDPR 的监管框架，同时对关键条款做了细化规定和例外规定，更具有可操作性。

三、欧盟各成员国监管体系

在 GDPR 实施前，各国基本都有本国的征信监管机构，大多是由数据保护监管部门履行个人数据监管职责，主要国家有德国、意大利、西班牙、捷克、奥地利等国，有的国家设置数据保护官进行监管，如芬兰、英国等；还有部分国家如希腊由数据保护局和国会共同监管；有的国家设置专门委员会监管，如法国；有的国家由国会直接监管，如匈牙利。

GDPR 通过后，各国在立法调整的同时对已有征信监管机构也做了职能和规模上的升级调整。数据保护机构作为国内独立机构进行执法的地位进一步突出，监管职责是对所属管辖地的公共与私营部门进行数据处理活动开展监管与执法，并与其他监管部门做好协调沟通。本书以法国、德国和比利时征信监管体系为代表做出分析。

（一）法国征信监管体系：兼容并包、积极探索

法国是政府主导型的个人征信模式，国内只有公共征信系统。法国对于个人权利保护的监管实践比较早，具有较为丰富的经验。1978 年法国就制定《信息与自由法案》，并根据该法成立法国国家信息和自由委员会（Commission Nationale de l'information et des Libertes，CNIL）。CNIL 成立之初以应对民众对于政府对海量个人文件管理过程中的隐私顾虑为目标。GDPR 执行后，CNIL 职能也有变化，目前有四项任务：信息发布和权利保护（投诉受理）、企业合规支持与指导、技术监控与技术咨询、合规监管和惩处等。[①] 从其任务职能上来看，CNIL 连接了自然人、企业和政府之间的数据流动、使用，提供了个人权利保护、企业合规支持和技术监控手段，同时推进了法律制定、法律执行、企业合规监管。比较显著的一个特点是，GDPR 实施后，CNIL 的监管惩处措施更为严厉，如 2022 年 1 月，CNIL 分别对谷歌和脸书处以 1.5 亿欧元和 6000 万欧元的罚款，以惩罚两家机构利用 Cookie 推送针对性广告。

截至 2023 年 4 月 3 日，CNIL 共受理投诉 14143 项，向 81393 家组织指派 28810 名数据保护官（DPO）。此外，CNIL 也在持续探索深化 GDPR 对个人权利的保护手段、提升 CNIL 在欧盟监管中的作用，并预见新的监管领域。2022 年 2 月，CNIL 发布 "2022—2024 年战略计划"，其中 CNIL 阐释了三个优先事项：一是促进对个人权利的控制和尊重；二是将 GDPR 推广为组织的信任资产；三是优先针对隐私风险高的主体 "智能" 或 "增强" 相机、云端数据传输、智能手机应用程序中个人数据的收集采取有针对性的监管行动。[②]

虽然 GDPR 可以直接适用成员国，法国也根据 GDPR 对个人数据保护法做了调整以更适合 GDPR 法律规则，但法国仍然存在原有的法律体系，企业在征信活动过程中，必须同时满足于 GDPR 与国内法律，这也容易导致企业在法律理解和适用上的障碍，增加了 CNIL 的协调成本。

（二）德国征信监管体系：多头监管、体系全面

德国是混合型个人征信模式，国内既有公共征信系统也有私营征信机构。德国是最早建立公共征信的机构，其对个人信息的保护具有悠久的传统。体现在征

---

① CNIL, the CNIL's Missions, https://www.cnil.fr/en/cnils-missions, April 3, 2023.

② 付玲. 法国数据监管机构 CNIL 发布 "2022—2024 年战略计划" [J]. 互联网天地，2022(3):59.

信监管框架上，德国在联邦层面和州层面设有数据保护局，自下而上监管 16 个联邦州的个人数据保护实践。

德意志联邦银行（中央银行）和联邦金融服务监管局（BaFin）是主要征信监管机构。德意志银行是德国有权对金融机构进行信贷数据统计的唯一机构，《中华人民共和国银行法》规定各类金融机构必须每月向遍布全国的联邦银行分支机构报送各类信贷统计报表。联邦金融服务监管局（BaFin）是 2002 年德国为适应金融混业监管需要而建立起来的，由联邦银行监管、保险监管、证券监管的主管部门整合而成的独立的联邦机构。法律还规定德意志联邦银行和金融服务局之间有协调德意志联邦银行和金融服务监管局之间应建立自由的信息交流机制，共享数据库和信息系统。

德意志联邦银行负责公共征信机构监管，其职责是指导公共征信机构的维护、运营，监管信息提供采集、加工、保存、使用等。针对私营征信领域，联邦数据保护官负责处理侵害信息主体权利的行为。针对征信机构的业务监管，即德国中央银行负责信用评级管理，由银行监管部门按照《巴塞尔新资本主义》等有关要求进行监管，并遵循欧盟信用评级监管规定。在行业自律管理上，德国的私营征信机构也加入了欧洲征信协会等国际征信自律组织，接受管理。

（三）比利时的征信监管体系：全面升级，独立性差

GDPR 通过后，比利时在 2017 年颁布《创建数据保护机构》法案，同时对本国已有的隐私委员会进行改组，设立数据保护局（Date Protection Agency，DPA）主导比利时的个人数据保护监管。法律赋予了 DPA 更大的权利，DPA 有调查、纠正、授权和建议权，确保 GDPR 在比利时的实施，提高公众对个人数据保护的意识，提供咨询或者违法惩处等。DPA 由于工作职能与其他政府部门存在交叉，因此其独立执法能力有限。

从整体上来讲，德国、法国等欧盟大国，在个人数据保护方面有意愿且有能力建立起相对独立的个人数据保护机构，且这一类国家征信历史较为悠久，尤其是德国这一类市场征信也较为成熟的国家，征信监管体系和个人数据保护机构相得益彰。但欧盟也有类似于比利时这样的欧盟中小国家，其个人数据保护监管和征信监管压力不大，因此监管机构和方式也更为灵活。但在应对 GDPR 带来的监管压力之时，无论是法国的 CNIL 还是比利时 DPA，其在监管过程中都有各自的重压，前者压力更多来自信息制度的叠加和技术监管的压力，后者压力来自自身规模较小独立性不够。

第三节　《通用数据保护条例》（GDPR）的启示

GDPR 共由 11 章 99 条组成，分为一般规定、原则、数据主体权利、信息采集与控制、数据控制者和处理者义务、向第三国或国际组织传输个人数据、独立监管机构、成员国之间的合作与一致性、补救措施、责任与处罚、有关特定处理情况的规定、授权和实施法案和最终条款。[①] 本书将重点从四个方面进行归纳。

一、个人数据处理原则的新变化

GDPR 沿用了"95 指令"一脉相承的基本原则，例如目的限制、数据最小化、精确性、完整性、保密性，这些原则深刻影响了世界各国个人数据保护理念并逐渐成为立法依据。GDPR 再次确认了这些原则，延续了欧盟立法传统。

GDPR 第二章第五条规定了个人数据处理原则，其中涉及"合法、公平、透明""目的限定""数据最小化""准确性""存储限制""完整性和保密性"和数据控制者权责一致性的七个原则。[②] 对比"95 指令"，GDPR 在第一款中增加了"透明性原则"，在第二款中增加了"权责一致原则"。透明性原则是对数据主体行使权利和监管便利的考虑，而根据权责一致原则，则是数据控制者需要对自己行为合法承担举证责任。

二、数据主体基本权利的扩展

（一）数据主体同意权是首要的合法性基础

合法性是数据处理要遵守的首要原则，GDPR 第六条专门规定了合法性基础

---

① The European Parliament and the Council of the European Union. Regulation(EU) 2016/679 (General Data Protection Regulation) [EB/OL]. https://eur–lex.europa.eu/legal–content/EN/TXT/?uri=CELEX%3A32016R0679& qid=1681223632887.

② General Data Protection Regulation，第五条规定。

的六种情况，这与"95 指令"基本相同。GDPR 规定至少需要满足一项才可认定合法，涉及数据主体同意、合同履行、履行法定义务、保护重要利益、公共利益以及控制者的优先利益。[①]其中同意权是采集、处理数据合法性的基础，也是数据主体在数据采集和使用过程中行使积极权利的明确表示。各国在个人数据保护方面的立法和实践，都是以围绕数据处理者是否保障了数据主体的同意权展开的。

GDPR 对个人同意有具体规定，数据主体需要通过书面声明或者一个明确的肯定性动作，表示同意对其个人数据进行处理。该意愿是要自由、特定、知情（被通知）和明确的。沉默、默认勾选方框或不作为不应构成同意。同意应当涵盖所有处理活动，涵盖所有目的。[②]此外，GDPR 对同意权的保障措施做出很多规定，同意权的要件和同意权具体行使要件，即数据控制者能够证明数据主体已经授权；书面同意须与其他事项授权进行区分；同意权可以撤回；评估同意权要考虑到是否以其他附加条件（如合同履行、提供服务）作为数据使用的条件。

同意权在具体适用上，首先体现在数据的采集环节，数据主体同意方可采集；其次数据主体的基本权利如知情权、访问权等诸项权利是根据同意权衍生出来的，是同意权在各个处理环节、场景下的具体表现。同意权大大提升了数据主体对自身数据的控制能力。

（二）数据主体基本权利体现了对数据的控制性

GDPR 对数据主体基本权利做了详细阐述。数据主体共享有 9 项权利，具体权利内容如表 4-1 所示。GDPR 在原有"95 指令"的基础上，数据主体个人权利增加了知情权、访问权、更正权、删除权 / 被遗忘权，限制处理权、反对权。从权利内容可知，数据主体对于个人数据权利的主张更加积极，较多地体现了数据主体对于数据的控制性。

表 4-1　GDPR 规定的个人数据主体权利

数据主体权利	核心内容
知情权	数据控制者以简洁、透明、可理解和便于访问的形式向数据主体提供信息
访问权	数据主体可提出访问请求，数据控制者应告知其个人数据是否正在被处理，同时提供正处理的数据的目的、数据类别、存储期限或标准，提供一份副本

---

① General Data Protection Regulation，第六条规定。

② General Data Protection Regulation，序言第 32 节规定。

续表

数据主体权利	核心内容
修正权	数据主体有权修正错误的个人数据
删除权/被遗忘权	数据主体可以向数据控制者提出要求及时删除与其相关的数据，且避免数据被传播
限制处理权	数据主体有权要求数据控制者对他个人数据的使用（特定情况下）
可携带权	数据主体有权将自己数据转移到另一家数据控制者，数据控制者不得阻拦
反对权	个人有权反对出于营销或者非服务相关目的的处理个人信息
有权免受自动化决策的限制	数据主体有权不受基于自动化决策所受的影响
救济权	数据主体有权向监管机构提出申诉，有权对监管机构提起行政诉讼、有权对数据控制者或处理者提起诉讼，有权获得损害赔偿

（1）数据的知情权。GDPR 规定数据主体有权了解收集数据情况、数据使用方式，已经应知悉处理风险、保护措施和权利。该权利要求处理者以简单透明、清晰易懂的语言真实准确完整地告知数据主体相关事项。

（2）数据的访问权。访问权是一种积极权利。GDPR 强调访问权是一种人格利益，即数据主体拥有该项权利。在权利内容上规定自动化处理的衍生数据也在访问范围中；数据主体要求提供副本，那么数据控制者可要求收取合理费用以弥补管理成本。

（3）数据主体的修正权、删除权/被遗忘权、限制处理权和数据的可携带权。GDPR 在第三章中明确数据主体在修正和擦除方面的权利，其中的重点是数据主体拥有数据的修正、删除、限制处理权，同时拥有数据可携带权。

修正权是数据主体具有在无不当延迟下在控制人处修正个人不准确数据，且规定修正的方式为提供补充声明。

删除权/被遗忘权强调个人数据自治，规定数据主体有权要求数据控制者删除错误数据，还可要求删除不必要的、不准确的和被非法处理的数据。数据控制者不仅有义务删除自己控制的数据，还要负责通知第三方停止利用数据并删除公开传播的数据。数据的删除权/被遗忘权可以使数据主体直接对抗互联网领域隐私侵害，遗忘是数据主体行使权利的过程，删除是数据主体行使权利的手段和结果。共同体现了 GDPR 加强个人数据保护的法律思想。

数据的限制处理权，用于限制处理者处理信息，GDPR 规定数据主体可以行使限制处理数据的情况，主要采取以下四项措施：一是质疑数据准确性；二是存在非法处理数据的情况；三是为行使法定请求权而需要限制数据使用；四是反对数据处理。在允许数据主体限制处理数据的同时也对该权利作出限制，数据统治者有法定请求权，或为保护其他人权利或公共利益，但控制者要在处理前予以通知。

数据可携带权是数据主体有权向数据控制者索取在处理进程中的普遍使用的本人数据，并自主决定下一步的使用用途[1]。只要数据主体已向数据控制者提供了个人数据并进行了授权，数据主体有权将数据及自动化处理系统留存的其他数据转移到另一个系统，数据控制者不得阻碍此类数据转移行为。可携带的数据是指结构化的、常用格式的、机器可读的数据。数据的可携带意味着数据主体掌控数据权利的延伸，可以将数据取出转移，将数据作为一项财产。

（4）反对权。该权利是对知情同意之外处理数据活动予以拒绝，当数据处理者在合法进行数据处理活动时，个人有权依据特定情况要求处理者停止使用数据。

（5）有权免受自动化决策的限制。处理者在进行个人信息自动化决策时必须保证决策不能有差别化待遇，要保证透明度和结果的公开公正。

（6）数据主体的司法救济和赔偿权。数据主体有权获得司法救济或赔偿。基于以下三个原因有权提起申诉和诉讼：一是认为数据控制者或数据处理者对数据处理违反 GDPR 时有向监管机构提申诉的权利[2]；二是对监管机构不处理申诉或未在 3 个月内将处理过程或结果告知时有提起行政诉讼的权利[3]；三是在数据主体认为权利受到侵害时对数据控制者或处理者的违规行为提起诉讼的权利[4]。同时规定申诉的管辖地监管机构和诉讼的管辖法院，规定了数据主体有权要求本国数据监管机构在时限内对违规侵害数据的行为进行调查，并有权提起对监管机构、数据控制者和处理者的诉讼。对于赔偿责任的分配，GDPR 规定如涉及多个控制者或处理者，需要所有牵涉方承担连带赔偿责任。

三、数据处理者和数据保护官责任的强化

GDPR 加强了对数据处理者和数据保护专员责任的强化，尤其对数据处理过程加强了监管，界定了数据处理的事前事中事后的责任区分和责任人员，对数据主体权利保护更加细致。数据保护官是协助监管机构与数据管理者和数据处理者之间沟通的一个关键角色。GDPR 对数据保护官做了详细的规定，这对于监督企业遵守 GDPR 合法性处理数据具有重要意义。

---

[1] General Data Protection Regulation，第 17 条规定。

[2] General Data Protection Regulation，第 77 条规定。

[3] General Data Protection Regulation，第 78 条规定。

[4] General Data Protection Regulation，第 79 条规定。

数据处理者是为数据控制者处理个人数据的个人或者组织。GDPR 将数据处理者纳入了监管范围。数据处理者并不参与数据的采集和使用，其主要工作在于按照数据控制者要求对数据进行加工处理，是数据控制者以外的。GDPR 定义了数据处理者，并明确其要承担与数据控制者一样的数据保护责任。并将其纳入了监管范围，明确其必须承担数据保护的责任，与数据控制者一样遵守 GDPR 的各项规定。与"95 指令"相比，GDPR 规定处理者因不合规或违反控制者的指示而要承担额外的责任。

GDPR 要求数据控制者或数据处理者设置独立的数据保护官（Data Protection Officer）。数据保护官作为企业内部雇员，具有相当独立性。数据保护官是数据保护法律所要求的技术和组织措施中的重要一环，某种程度上被认为是监管机构在控制者/处理者自我约束层面的延伸，扮演着监督控制者/处理者数据保护合规实施的角色。从 GDPR 规定的数据保护官职责来看，数据保护官应具备以下五项职责：①要给告知所在企业 GDPR 对数据保护的要求；②要监控所在企业执行 GDPR 和其他法律对于个人数据保护规定的情况；③要提供数据保护评估相关建议；④要与监管机构进行合作；⑤要作为监管机构的联络点等。

四、监管机制发挥作用显著增强

在 GDPR 下，个人数据保护机制，即征信监管机制作用得到显著发挥。

（一）欧盟层面的立法层次显著提升

原有的"95 指令"在个人数据法律规范方面更多的是提供了最低标准，发挥的是引导、推荐的作用，当然也导致欧盟各成员国执行标准不一的问题。但 GDPR 作为规范，它的法律效力要高于指令，要求各成员国强制执行，目的是保证欧盟内部各成员国执行统一。此外，从对成员国法律的约束方面来讲，GDPR 的效力也要优于各国国内法。

（二）GDPR 强化了监管机构和监管机制

GDPR 规定欧盟数据保护委员会是欧盟数据监管的最高机构，具有独立性，可单独行动，可直接对欧委会负责。

欧盟个人数据保护监管机制也契合了欧盟的组织结构。欧盟各成员国都有数据监管部门，对本国来讲，这些机构都是具有独立执法权的监管部门。但在"95指令"下，欧盟各国在数据保护执行上存在不一致和不协调问题，欧盟内部国家企业可能要付出更高的协调成本和监管成本。在 GDPR 下，欧盟创设"一站式"服务机制（one-stop-shop），根据该机制，数据控制者和处理者主要经营地所在成员国的监管机构是主要监管机构，行使统一管辖权，主要监管机构和他国监管机构之间进行监管合作，必要时由欧盟数据保护委员会进行协调。各成员国监管机构对 GDPR 解释统一，以确保适用 GDPR 的一致性。"一站式"监管模式的设计是站在机构监管的立场，对各国管辖权和监管规则予以明确，以提高监管效率，降低企业监管成本。

（三）加大了行政处罚的力度

GDPR 规定监管机构的行政执法权范围、行政检查权、行政处罚权等事项。第 83 条是行政处罚的重点，第 4、5、6 款规定违法行为后的罚金金额，最大处罚金额达到 2000 万欧元或者企业上一年度全球营收的 4%，取两者最高的进行处罚。同时在违规行为动机方面无论是故意还是疏忽方面都表明是欧盟对于个人数据保护的重视程度，以及迫使跨国大型企业不得不考虑数据保护问题为先的决心。

五、健全数据跨境传输规则

跨境传输机制是欧盟对于跨境传输机制可通过两种途径予以实现：一是国内立法规则，设置数据跨境条件；二是以国际条约或双边协定方式，在两国或多国间形成跨境传输数据的统一意见。"95 指令"确立的数据跨境传输的评估标准也成为"充分性认定"，某第三国（一般认为第三国是指非欧盟缔约国）只有能够保证具有一定的数据传输水平才允许成员国将个人数据输出，这相当于数据可自由跨境流动的"白名单"机制。GDPR 对此进行了简化改进，"充分性认定"传输渠道认可的基础上，还配置具有个别输出功能的法律工具。双边协定、标准合同条款、有约束力的公司规则、行为准则和认证机制，这四类替代性数据传输工具适用于全球商事交易中的数据传输，不局限于特定国家。当数据流向未获得充分性认定的国家时，数据进口方可以通过此类工具实现数据流动。

欧盟境内 GDPR 确立了立法和双边协定的保障，保证了欧盟跨境传输的严密性和标准性，同时也体现了数据跨境流动的灵活性，为跨境数据传输提供了借鉴范式。

第四节　欧盟个人征信监管机制的经验与不足

欧盟征信发展也有将近 100 年的历史，虽然现代意义上的欧盟征信立法起始于欧盟建立之后，但欧盟立法对于世界征信立法的影响很大，尤其是在个人数据（个人信息）保护方面的规定更是为世界建立了一种示范，奠定了欧盟在数据保护和数据跨境流动方面的先行地位。总体来看，欧盟立法者在面对保护个人数据这个价值目标时，采取公法性规制用以监测个人数据处理行为，实现对个人数据的保护，这些都要求数据控制者和数据处理者在利用数据实现数据财产价值之前，首先要考虑数据保护这个问题。

一、欧盟个人征信监管机制的经验

（一）构建适合欧盟特色的个人数据保护立法

首先，欧盟征信立法的发展体现了浓厚的历史原因色彩，这当然与欧盟"二战"期间的历史教训密切相关。虽然欧盟征信立法更多的研究表明始于欧盟产生之后，但其对个人数据的保护必然带有相关的严格保护基因。其次，欧盟各国经济上的联系促进了政治法律规范上的趋同，各国为了适应内部融通而不断进行制度整合。随着欧盟的发展，欧盟内部法律体系逐渐统一，这也是基于欧盟对于立法的要求而实现的。虽然欧盟与美国同属于市场信用社会，但由于欧洲历史悠久形成了不同的政治传统和法律文化，且各国内部也有其法律监管的制度特点和逻辑。因此，欧盟与美国在信用立法上走上了一条不同的道路。

在长期的征信发展中，由于对个人数据保护的较为极端的规定，欧盟主要成员国征信体系并不发达，且征信产品和服务的衍生品规模不大，使欧盟各国的信用评级市场并不发达，并且随着美国个人征信机构海外业务的拓展，在一定程度上抑制了欧盟的私营个人征信机构的发展。由于缺少对本土私营征信机构的规范经验，也因此使欧盟更加倾向于对个人数据保护制度的构建。由此，欧盟的"95 指令"，2016 年通过 GDPR，加强对个人数据权利的保护，欧盟也走出了一条独具特色的征信立法路径。

（二）个人数据立法目标更趋于保护个人数据权利

从"95指令"到GDPR，个人数据立法的二元目标一直没有改变，都是数据的"保护""流通"，但是次序发生了调整。在"95指令"中，立法目标为"流通和保护"，在GDPR中，规定为"保护和流通"。这体现了欧盟个人数据立法观念的调整，将数据保护上升到人权保护的层面，重要性超过数据流通。从GDPR设立的各种原则和数据主体权利来看，个人对数据的"控制权"大大加强，这也为世界各国征信立法作出了示范，欧盟对征信市场的监管采用的是一种强制力的预先保护规则，而这种规则在欧盟是严格适用的，体现了其强制力。

二、欧盟个人征信监管机制存在的不足

（一）没有构建统一的征信法

美国的征信法律制度以《公平信用报告法》为核心法律，但欧盟由于其历史和征信市场发展原因，并没有形成统一征信法。欧盟的征信立法以GDPR为主轴，采取的是分散式的立法形式。此外，欧盟各成员国在进行征信监管时，一般以对信贷和金融领域进行监管为目标。由于监管是各个国家的问题，因此欧盟没有形成统一的联合惩戒制度。数据保护比数据使用更严厉，因此数据采集并不自由，导致征信联合惩戒机制作用发挥未必明显。

（二）过度严格的数据保护产生了负面效应

欧盟以GDPR为核心的个人数据保护法律采用的是防御型的立法形式，其侧重于用公法路径平衡个人数据保护和数据自由流动之间的关系，主要体现在以下三个方面：

（1）虽然欧盟国家并未出台以"隐私权"为核心内容的法律，但GDPR用严格的个人数据规制实现了对隐私权尤其是个人数据隐私权的保护，对隐私权做了严格规制，又是制定各项隐私政策的基础。强化数据主体权利，必然要对个人信息控制者、处理者的义务进行扩充，且个人数据控制者和处理者要承担个人数据保护的严格责任。因此，个人数据控制者和处理者要花费更多时间和成本去履行义务。

（2）GDPR更多关注的是数据流动过程中可能造成的伤害，因此有了充足的制度设计。如采用数据收集的"最小化原则"是隐私保护和数据主体权利保护的重要原则，但这也可能成为数据自由流动的壁垒。这就直接导致个人数据不能被充分征集，大数据征信会蜕变为次优的社会分析方式，成为征信功能失灵的表现之一。

（3）GDPR 对个人数据保护严苛，且政府对私营征信业管控严格。这也导致私营的个人征信机构在欧盟成员国内发展困难，来自欧盟外的个人征信机构被排挤出去的情况，这在法国和比利时等国家非常明显。GDPR 的监管对于私营征信机构和公共征信机构采用同样的监管模式，因此，公共征信机构在数据全面性选取方面积极性不大，在数据深度挖掘方面也没有动力，导致的结果是不利于信息价值的深度开发。过于严厉的保护制度，从整体上可能阻碍数据流通，不利于大数据合法交易，有碍数字经济的良性快速发展。

（三）欧盟各成员国个人数据监管面临挑战

主要面临以下两个挑战：

（1）欧盟各成员国基于自身的法律传统和历史原因导致监管效率不一致。各国在对待 GDPR 方面采取了不同的监管风格，以处罚"积极"的西班牙和较为"佛系"的斯洛伐克对比，截至 2023 年 4 月 4 日，共有 625 起案件作出处罚裁定，而同期的斯洛伐克只有 9 起案件作出处罚裁定[①]。此外，还有如爱尔兰数据保护委员会作为"一站式"服务机制下的主导机构，虽然处理了将近 200 起案件，但只对其中 4 起案件作出最终裁决，执法效率非常低。

（2）欧盟各成员国执法协调难度较大。GDPR 直接适用各成员国，统一监管框架对各国监管协调提出了更高要求。在"一站式"服务机制下，主导机构难以迅速确定，且后续沟通机制不畅。其中以法国 CNIL 处罚谷歌案件的"主要实体"所在地争夺为标志性案件，其本质是法国、瑞典、匈牙利等国家的数据保护局对管辖权的争夺，这也体现出即使在"一站式"服务机制下，各成员国之间的协调也非常困难。

---

① 资料来源于 GDPR Enforcement tracker，https://www.enforcementtracker.com/，2023 年 4 月 4 日访问。

第五章 我国个人征信监管机制的现实考察

我国现代意义上的个人征信已经有 30 多年的发展历史，随着经济发展和技术进步，市场在征信准备和探索过程中，我国选择以建立"公共征信系统"为主的个人征信模式，从实践来看，这是符合我国经济发展实际和需求的。随着大数据技术的深入拓展，催生了信贷和征信新业态的出现，个人征信市场化建设开始启动，伴随着百行征信和朴道征信的挂牌，我国"政府＋市场"双轮驱动的个人征信市场发展格局初步形成。个人征信业的发展离不开个人征信监管机制的保驾护航，个人征信发展同样影响着个人征信监管机制的建设进程。从征信功能发挥的角度来看，协调良好的征信监管机制对防止征信功能失灵具有重要意义。

第一节 我国个人征信业的发展历史

我国的个人征信业在近代有所发展，但其后逐渐消失。现代意义上的个人征信业在改革开放后又逐渐恢复，21 世纪初期才有了较大发展，目前形成"国家＋市场"的双轨制，央行的征信中心作为国家的金融基础设施筹建，对于市场由多家征信公司形成的"百行征信"为代表。我国征信业大体经历"探索阶段—起步阶段—发展阶段"。接下来我们从征信业发展历史中梳理一下个人征信发展的标志性事件，借此对个人征信业做一个梳理。

随着我国由计划经济向市场经济的转型，尤其是自 20 世纪 90 年代以来，企业和个人营商行为大幅增加，跨行信贷和跨地域交易行为明显活跃，伴随而来的是恶意拖欠或逃避银行债务现象日益增多，市场对征信的需求大增。鉴于此，建立全统一而可查的企业与个人信用信息共享机制势在必行，成为我国金融系统面临的紧迫任务。目的是信用监管部门能够全面把控借贷人的信用风险，提高社会信贷资产的质量。

首先，征信业探索阶段。20世纪80年代中期为征信业探索阶段，1992年北京新华商业风险管理有限公司成立，企业征信首先迈出了重要一步。其后专业信用调查机构相继出现，我国征信业渐见雏形。虽然个人征信业未在该阶段出现，但企业征信的出现为个人征信奠定了发展的基础性条件，体现在征信市场基础的塑造和政策环境所释放出的信号。

其次，征信业起步阶段。20世纪90年代中期至21世纪初始征信业起步阶段。当时恰逢中国房地产市场和消费金融的兴起，且2001年我国加入世界贸易组织（WTO），大大促进了我国个人征信业的发展进程。该阶段有两个具有标志性意义的事件：一个标志性事件是我国出现了全国首家从事个人征信业务的机构。根据时任国务院总理朱镕基"同意个人信誉公司在上海试点"的批示，经中国人民银行批准，1999年上海资信有限公司成立，开始从事个人征信与企业征信服务。另一个标志性事件是我国在2002年建设完成"地—省—总行"三级数据库，用户可实现全国联网查询"银行信贷等级咨询系统"。这两个重要标志性事件标志着我国个人征信体系建设开始起步，同时为我国个人征信建立公共信用数据库奠定了数据环境基础。

最后，征信业发展阶段。2003年至今我国个人征信业进入提速发展阶段。党的十六大提出要"整顿和规范市场经济秩序，健全现代市场经济的社会信用体系"。2003年国务院赋予央行"管理信贷征信业，推动建立社会信用体系"职责，同年征信管理局设立，标志着我国征信业步入了高速发展的轨道。2006年中国人民银行将"银行信贷等级咨询系统"进行升级，打造成了全国统一联网可查的"个人和企业征信系统数据库"，标志着我国国家设立的金融信用信息基础数据库的建立。2006年底又组建事业法人单位——中国人民银行征信中心，专门承担个人信用报告系统的建设、运营、维护工作，标志着我国征信监督管理与征信市场运营的分离。2008年，国务院牵头建立管理社会信用体系的部际联席会议，将央行管理征信的职责明确为"管理征信业"，2011年国家发展和改革委员会增设为部际联席会议的成员单位，以上标志着我国征信业管理的协调机制创建完成。2013年《征信业管理条例》（以下简称《条例》）是我国首部征信法规，而且该《条例》以"征信"命名，是征信的专门法规，可以说，该《条例》的颁布标志着我国征信业真正步入了有法可依的阶段。

2013年之后，虽然我国仍处于征信业的发展阶段，但较之2003~2013年的征信业发展也有了不同的特点。随着我国社会主义市场经济的发展和多元化市场需求和科技技术发展的现实环境，如何处理好征信共享和信息保护、保护个人隐私和信息安全，在信息主导下保障公平竞争等矛盾，这既是我国面临的现实难题，也是世界各国普遍面临的课题。为此，2014年，国务院发布《社会信用体系建设规划纲要（2014—2020）》，计划到2020年要基本建成覆盖全社会的征信系统，推动"守信激励"和"失信惩戒"原则的落地，并发挥社会征信指引作用。随后，2015年1月中国人民银行颁布《关于做好个人征信业务准备工作的通知》，将个人征信体系推向市场，服务社会。央行又分别在2018年和2020年向百行征信与朴道征信发放个人征信牌照，"政府＋市场"双轮驱动的个人征信市场发展格局初步形成。2021年我国颁布《中华人民共和国个人信息保护法》，从法律层面确立了较为严格的个人信息保护原则，标志着我国个人信息保护有法可依。

从整体上来看，我国个人征信体系市场化建设有其时代特征。我国征信体系的构建得益于互联网技术的高速发展，在国家政策引导下，各征信机构借助互联网积极拓展征信业务，迎合市场需求。特别是一些互联网巨头，依靠自身强大的数据库、云计算和区块链优势，孵化征信机构，投入海量资金抢占市场，有效降低了个人征信市场的信息不对称导致的信用风险。这些机构未来发展潜力巨大。

第二节　我国个人征信模式的探索与发展

一国实行何种征信模式，与其国情背景紧密联系，不同的征信国情背景对不同国家选择征信监管模式具有决定性作用。

一、我国个人征信模式选择的背景性因素

个人征信在欧美等国家已经有100多年的发展，在信贷市场等金融领域占据不可替代的地位，发展也比较成熟。相比较而言，虽然我国个人征信建设有了长足进步，但仍需要不断发展完善。前面论述了国际上比较具有代表性的两种模式是美国的市场化模式和欧盟的以公共征信系统为主的政府主导模式。

美国模式是一种典型的市场化模式，市场是推动美国征信业发展的动因。这体现于市场需求决定数据库规模和征信市场细分，市场决定征信公司的发展前景，或推动征信公司兼并重组或决定征信公司优胜劣汰。美国采取市场化模式，是受其自身历史背景和国家制度影响。美国个人征信发端于其现代民主思想的萌芽阶

段，推崇"自由、公平和机会"的思潮。如此，早期的征信机构都尽力实现纯市场化的运作模式，即开放和透明的运行方式。"二战"后，美国市场不断扩张，信息技术发展加速，社会所急需的信贷业务激增，而众多体量较小的征信公司因无力收集和处理全国性海量数据，被大范围并购或收购，最终形成了少数几家全国性大公司。目前，美国个人征信的核心力量是三大征信机构（Equifax、Experian、Trans Union），它们分别拥有覆盖全国的个人信用信息数据库，这三大征信机构及各自分支机构占据了美国个人征信市场90%的份额。

由于历史原因，欧盟国家对于隐私的保护需求要远远高于美国。欧盟关于保护个人隐私的法律比较严苛，表现为对个人数据的立法保护水平较高，导致欧盟各国私营的个人征信机构缺少发展空间。因此，欧盟各成员国大多采用政府主导模式，私营征信机构在大多数国家起到征信市场补充作用。公共征信机构主要由各国央行或金融监管机构设立、运营和监管，依法强制要求金融机构加入公共信用信息系统。公共征信机构的信息一般仅供银行内部使用，用于防范商业银行的贷款风险、中央银行的金融监管和货币政策制定。

对我国而言，改革开放后，市场经济日臻完善，信用经济强力发展，信用交易在各商业活动中的比重持续增加，导致因交易中信息不对称而引发的风险问题日益增多。我国征信业的建立起始于20世纪90年代中期，该阶段，逃废银行债务情况和假冒伪劣商品情况尤为严重，这其中都涉及到信用信息，尤其是债务人信息共享程度极度不够和整体社会诚信缺失的现状。在这样的背景下，央行根据国际征信发展经验，结合我国企业和个人在融资环境中严重逃废银行债务形成的突出金融风险、制售假冒伪劣商品牟利最终直接或间接形成不良债务以及社会诚信缺失的事实，提出我国征信体系建设的目标是通过共享债务人信息实现对债权的保护。但在实践中，依靠债务人主动共享信息是行不通的，主要表现在以下两个方面：一是债务人无共享动机；二是基于债务人自身利益共享出来的信息真实性和准确性难以保证。我国曾经历过对债务人共享信息的探索阶段如由债务人作出信用承诺），但并无效果。

征信体系属于国家的金融基础设施，是商业活动中获取便利而安全的金融服务的前提条件。我国金融征信体系的建设则是随着金融体制改革的深化和金融市场的完善而发展的。20世纪90年代初，四大国有银行实施市场化运作机制，由专业银行向商业银行转型，客户群体向多元化转变。随后，一批股份制银行和地方银行如雨后春笋般成立，这为借贷人提供了更多市场化选择，同时也加剧了金融市场的竞争。在此背景下，由于激烈的竞争各家银行牢牢把握自己所掌握的个人信贷信息，形成多个数据孤岛。这在客观上导致了三个结果：一是银行等贷款机构不能全面了解客户信息、不能形成良性判断，间接提高了融资成本；二是给不良借贷人在不同贷款机构之间套取贷款形成不良债权提供了便利条件；三是加剧了金融风险。

在上述两方面背景因素的影响下，20世纪90年代初我国开始对征信模式的探索。其中在企业贷款方面，我国曾经做出过企业贷款证制度，并逐渐推广。随着计算机技术的进步和互联网的发展，中国人民银行逐渐形成全国银行信贷登记咨询系统，为我国征信体系的模式选择打下了坚实的基础。

二、我国个人征信体系的模式选择

综上所述，美国和欧盟各国个人征信模式适合各自国情，且各具特色、各有优缺。对美国而言，其政府不直接参与个人征信业务的具体操作，仅从外部监管环境上介入，尽量使以盈利为目的的个人征信机构按市场规则运作，这有利于通过竞争而实现产品创新、服务水平提升。但纯市场化运作对其外部市场环境和监管环境的要求极高，首先要有健康良好的市场环境和配套的社会保障制度，还需要更为完备的监管法律体系和监管执行体系。其次对欧盟各国而言，欧盟对个人信息数据的立法要求严格，实行政府主导的公共征信模式，导致私营的个人征信机构举步维艰。国家公共征信模式利用的是国家行政部门的权力，有以较低成本获取信息、高效集中个人数据的优点，可高效建立覆盖全国的个人信用信息数据库。但此模式不利于征信服务质量和效率的提高，容易为政府主管部门提供"寻租空间"，财政成本较高。

因此，我国个人征信体系建设也应符合中国国情、长远规划，而不能照搬外国经验。基于我国20世纪90年代的市场经济发展和信用经济发展的现实困难，结合国际经验，我国在最初的起步阶段选择了由政府主导建立全国性个人征信公共征信系统的方式，主要基于以下三个原因：

（1）由我国的个人信用信息的来源决定。通过背景分析可知，由债务人提供个人信用信息在理论和实践上都无法实现；且个人信用信息主要集中在各贷款机构中，但贷款机构已经形成了数据孤岛；个人信用信息分散于各级政府主管部门、各大国有银行和公用事业单位，因此，各市场化的私营征信机构没有能力建立起覆盖面广的个人信用信息数据库。

（2）由我国市场条件和监管环境决定。在征信业准备阶段，我国征信产品需求有限，且个人征信没有法律法规等制度环境，不仅难以实现依靠完全市场化的运作，而且容易造成无序市场竞争。

（3）已建成的全国银行信贷登记咨询系统为公共征信系统的建立奠定了基础，依托该系统进行公共征信系统建设，可有效降低成本、提升效率。

因此，就我国而言，个人征信体系建设采用政府主导的运作模式，有利于借助政府力量强制整合个人信用信息，推动建立全国通用的征信制度。但随着征信市场的逐渐成熟以及市场上各种互联网类金融机构的兴起，市场化征信机构对于公共征信系统的补充作用被逐渐放大。2013年《征信业管理条例》对征信机构的设立提出了具体要求，这也意味着我国并未放弃市场化征信机构。而结合我国征信运行实践，百行征信和朴道征信的先后获批，也标志着我国选择了一条"政府＋市场"双轮驱动的个人征信市场发展之路。从实际效果来看，此模式更适合我国国情。

第三节　我国个人征信监管机制——立法现状及评析

随着我国个人征信的发展，我国个人征信的监管机制逐渐建立，我国征信立法也走出一条鲜明的中国特色道路。我国有关个人征信的现行法律制度形式有法律、行政法规、部门规章和具有法律法规性质的政策（如信用评级）等。

一、个人征信相关法律制度沿革

概括而言，现阶段，我国征信立法形成以《征信业管理条例》等为征信主体法律制度，《中华人民共和国民法典》《中华人民共和国个人信息保护法》《中华人民共和国刑法》《中华人民共和国网络安全法》《中华人民共和国数据安全法》相关法律法规制度等为关联法律的征信法律体系。伴随着征信业的发展历程和互联网技术的发展，我国征信业立法也有了较大发展，经历了与征信业发展历程相伴而生却也有所不同的过程，本书将之划分为准备阶段—探索阶段—逐步完善三个阶段。

（一）第一个阶段是准备阶段，始于改革开放后到 20 世纪 90 年代中期

该阶段集中于对"个人金融信息保护"的探索。这一阶段与征信业"探索阶段"时间一致，严格意义的征信立法尚在准备阶段。《中华人民共和国宪法》《中

华人民共和国诉讼法》和《中华人民共和国实体法》分别用专门的条款规定了对个人金融信息的保护。其中,《中华人民共和国宪法》(1982 年)规定公民的人格权,隐含了对于隐私权的认可与保护;《民法通则》(1986 年)规定保护名誉权,涵盖隐私权的范畴;《商业银行法》(1995 年)直接规定了商业银行保护个人金融信息的义务;其中三大诉讼法(刑事、行政、民事)规定个人金融信息只限于特定机关(如法院、检察院、公安、税务等机关)查询。因此,从立法上对个人金融信息保护肇始于此,这也是我国对于个人信用信息保护的开端。该准备阶段法律层级高,但只规定"个人金融信息"的限制性保护,由于其并没有涉及征信相关内容,因此从纵向来看,这是整个征信立法的先行先试和准备的阶段。

(二)第二个阶段为探索阶段,从 20 世纪 90 年代中期到 2012 年

该阶段的立法集中于对"个人征信信息保护"的探索。这个阶段横跨了我国征信业发展的起步阶段与发展阶段中的第一阶段。20 世纪 90 年代中期,我国网络条件逐渐完善,互联网业务实现了快速规模化,信用信息收集处理技术逐渐加强。在此背景下,我国个人征信业也进入开始起步并有所发展,个人征信开始试点,全国个人信用信息基础数据库建成,我国网络征信开始建立。但与此同时,网络借贷开始发展,催生的征信需求加大,在此期间个人信用信息的保护问题逐渐凸显、信息采集标准出现问题,同时个人信息泄露时有发生。

在此阶段,地方政府、中国人民银行(以下简称"央行")、中国银行业监督管理委员会(以下简称"银监会")、相关领域各标准委员会等从不同角度作出了立法和行业标准探索。地方探索开始较早,立法主要集中于确立征信机构的义务,最早进行立法的是深圳市,后陆续有上海、海南等地出台了相关地方规章;在对公共征信系统规制方面,2005 年央行颁布实施的《个人信用信息基础数据库管理暂行办法》,规定征信活动原则和监督制度,这是首部针对征信活动的专门法规;此后,全国信息安全标准化技术委员会、全国社会信用标委会、全国金融标准化技术委员会分别制定关于数据库管理系统安全评估、信用化标准和征信数据交换格式等行业技术标准;在刑事责任方面,《中华人民共和国刑法》(2009 年)针对特定领域如金融领域的由单位或者工作人员对服务中获取的公民个人信息进行出售或者进行非法提供,则要进行刑事处罚,明确侵犯"个人信息罪"的罪名和刑罚,刑法(2011 年)将罪名明确为"出售、非法提供公民个人信息罪;非法获取公民个人信息罪"。

该阶段的立法层次较低,主要立法结构形式是以"地方规章和部门专门法规

为主＋国家行业标准为辅"，体现出较为分散、体系性不强的特点。且由于个人信息保护的实践所需，该阶段立法开始逐步探索对个人信用信息权的法律保护，且对征信信息内容开始进行分类保护，与第一阶段相比立法已经有了较大发展。

（三）第三个阶段是立法逐渐完善阶段，2013 年至今

该阶段的立法集中于"征信规则确立、个人信息权保护和信用信息（数据）安全"。这个阶段也是我国征信业的快速发展阶段，在技术引领下，各个行业都在经历深刻的变革。"互联网＋"带来了新兴业态，"P2P"网络借贷快速发展，催生了一大批以此为基础进行评估客户信用状况的大数据征信机构。与此同时，我国个人征信机构也有较大发展，2013 年上海资信公司网络金融征信系统（首个网络领域的个人信用信息共享平台）上线，2014 年《社会信用体系建设规划纲要》发布，征信成为社会信用体系的核心组成部分，市场化个人征信机构开始起步发展等。个人信用信息在社会治理中愈加发挥重要作用，但与此同时，大数据征信机构与当时的"P2P"机构一样，处于无法可依的状态，此阶段的征信信息泄露事件是非常频繁的。

征信核心法律在这个阶段有了长足发展。2013 年，首部征信业行政法规《征信业管理条例》正式颁布，这是征信业法治化的首部法律，开创了征信行业保护的先河，在法律制度上确立了征信活动规则、被征信人合法权益保护规则和个人征信业监管问责规则；同年 12 月，央行颁布《征信机构管理办法》，对征信机构的设立、变更与终止，高级任职人员管理，监督管理，惩罚原则进行了规范；2015 年颁布《征信机构监管指引》提出加强监管、建立数据管理制度，保护敏感数据安全；2021 年，《征信业务管理办法》对征信机构采集、整理、保存、加工、提供、使用信用信息作出详细规定，规定信用信息安全和监督管理框架。此外，支撑征信业发展的其他法律立法进程也大大加快。2017 年《中华人民共和国网络安全法》对网络运营者收集使用个人信息作出了规定，同时规定应保障信息安全、严格保密的原则，同时规定了监管和问责的保护框架；2020 年《中华人民共和国民法典》专门在第六章规定了隐私权和个人信息保护，对个人隐私权和个人信息权作出了相关规定；2021 年《中华人民共和国个人信息保护法》明确了处理个人信息使用的规范依据，其中敏感信息中提到了金融账户信息；同年的《中华人民共和国数据安全法》确立了数据安全与发展的原则。这些法律形成征信业核心法律的上位法，对征信业法律产生了较大影响。除上述主要法律以外，地方政府、国家有关部委规章、信息安全标委会等在这一阶段也制定了相当多的法规、制度，

地方政府立法集中于公共信用信息归集规则和社会信用信息规则等，比较典型的是《上海市公共信用信息归集和使用管理办法》（2015，上海市政府）；部委规章以《银行业金融机构数据治理指引》（2018，银保监会）为代表；行业标准以《信息安全技术 公共及商用服务信息系统个人信息保护指南》（2012，信息安全标委会）为起始，针对个人信息安全规范进行了标准的制定。

第三阶段的个人征信立法达到了空前高涨的阶段。该阶段立法体现了以下四个特点：①多层次法律法标准规密集出台保护个人信用信息；②立法层级提高；③保护客体更为多元；④配套有更为全面的行业和国家标准。

二、个人征信立法的主要内容及演化分析

（一）个人征信立法的主要内容

我国个人征信业经过30多年的发展已经取得了重大突破，为我国金融体系和社会信用体系的未来发展奠定了良好的基础。个人征信是征信机构进行专业化个人信息收集、存储、加工、使用的过程。

1. 市场化个人征信机构的市场准入、信用信息安全条件和退出

严格的市场准入条件。《征信业管理办法》《征信机构管理办法》等若干法律性文件对个人征信机构市场准入奠定了部分监管的制度基础，个人征信机构牵涉个人信息保护，因此采用严格的准入制度。在准入条件下，相对于普通公司的设立而言，对个人征信机构股东信誉、注册资本、信息安全保障、高级管理人员等方面都作出更加严格的限制。[①] 相较于其他普通公司，征信机构的设立、高管人员的义务、机构内部章程、分支机构的设立、名称的变更等方面都要经过严格的核查。征信机构还要报告上一年度开展征信业务的情况，监管部门将进行公示等，征信机构的准入作为公司法中的特定行业，因其专业性和个人信息保护的特殊要求，实行的是全链条监控机制。此外，参与中国征信业务及相关活动的国际机构

---

① 《征信业管理条例》第6条："设立经营个人征信业务的征信机构，应当符合《中华人民共和国公司法》规定的公司设立条件和下列条件，并经国务院征信业监督管理部门批准：（一）主要股东信誉良好，最近3年无重大违法违规记录；（二）注册资本不少于人民币5000万元；（三）有符合国务院征信业监督管理部门规定的保障信息安全的设施、设备和制度、措施；（四）拟任董事、监事和高级管理人员符合本条例第八条规定的任职条件；（五）国务院征信业监督管理部门规定的其他审慎性条件。"

也在监管范围内。

严格的信用信息安全相关规定。《征信业务管理办法》对个人征信机构、保存或处理 100 万用户以上企业信用信息的征信机构提出了网络安全防护、设立信息安全负责人和个人信息保护负责人以及设立专司信息安全和个人信息保护工作的专职部门等要求。

退出机制：《征信业监管条例》规定个人征信机构解散或宣告破产的，应当提前向央行报备，并依监管部门同意转让、移交或者销毁信息数据库。

2. 个人征信机构的基本权利

根据《征信业管理条例》（2013 年）和《征信业务管理办法》（2021 年），可知征信机构有权对个人信用信息进行采集、整理、保存、加工、提供和使用，法律赋予个人征信机构信息采集权、信息加工权、信息存储权、信息提供权和信息使用权。《征信业务管理办法》（以下简称《办法》）不仅补充《征信业管理条例》中的相关征信业法规制度，明确征信业务边界，同时也体现了《个人信息保护法》作为上位法的依据，是对该法律的征信领域的具体落实。该《办法》的出台是面对征信新业态不断出现的背景下，对新形势下征信行业制定的规范性文件。主要体现在以下四个方面：一是清晰界定了信用信息的定义及征信管理的边界，明确规定金融机构不得与未取得合法征信业务资质的市场机构开展商业合作获取征信服务。同时替代数据应用也在监管范畴；二是对信息采集的原则做了界定，要遵循最小和必要的原则，不得过度采集；三是对征信业务活动及信用信息采集、整理、保存、加工、提供、使用的业务全流程进行指导与规范；四是强调了对个人的权益保护，保障信息安全和依法合规跨境使用。由《办法》可知，法律对于征信机构的征信权的行使与个人信息保护期待实现一种平衡。

征信机构对个人信用信息的权利我们将结合信息主体在征信中的权益部分进行重点分析。

3. 信息提供者的责任

《征信业管理条例》规定信息提供者向征信机构提供个人不良信息，应当事先告知信息主体本人。但是，依照法律、行政法规规定公开的不良信息除外[①]。《征信业务管理办法》对信息提供者的责任做了相对细化。主要体现在以下两个方面：一是信息提供者有义务接受征信机构审查。征信机构有权对信息提供者的

---

① 《征信业管理条例》第 15 条规定。

信息来源、信息质量、信息安全、信息主体授权等进行必要的审查①；信息提供者有义务接受个人征信机构的风险评估和中国人民银行的情况核实②。二是信息提供者要履行告知义务和更正义务。征信机构通过信息提供者取得个人同意的，信息提供者应当向信息主体履行告知义务③；征信机构发现信息错误的，由信息提供者更正④。

4.信息使用者的义务与权利

《征信业管理条例》对信息使用者要求按照约定的用途使用信息，不得用于约定以外的用途，不得未经个人信息主体同意向第三方提供⑤。《征信业务管理办法》做了进一步规定，主要表现在以下两个方面：一是从接受征信机构审查和监测角度，个人信息使用者要接受征信机构有关身份、业务资质、使用目的必要的审查；且征信机构接入征信系统的网络和系统安全、合规性管理措施进行评估，对查询行为进行监测⑥。二是信息使用者有义务保障查询个人信用信息时取得信息主体的同意，并且按照约定用途使用个人信用信息⑦；信息使用者使用征信机构提供的信用信息，应当基于合法、正当的目的，不得滥用信用信息⑧。有关信息使用者的基本权利，在《征信业务管理办法》中设置信息使用者公平获得征信机构对外提供征信产品和服务的权利⑨。

（二）对信息主体权利保护立法情况

由于20世纪欧美发达国家的经济迎来快速发展，在征信中对个人信用信息的安全进行法律层面规制的起步也随之较早。欧美征信发达国家在20世纪70年代就通过颁布专门法或消费法的形式进行征信监管。但我国由于征信业起步较晚，

---

① 《征信业务管理办法》第9条规定。

② 《征信业务管理办法》第14条第2款规定。

③ 《征信业务管理办法》第13条规定。

④ 《征信业务管理办法》第18条规定。

⑤ 《征信业管理条例》第20条规定。

⑥ 《征信业务管理办法》第22条第1款、第2款规定。

⑦ 《征信业务管理办法》第23条规定。

⑧ 《征信业务管理办法》第24条规定。

⑨ 《征信业务管理办法》第21条规定：征信机构对外提供征信产品和服务，应当遵循公平性原则，不得设置不合理的商业条件限制不同的信息使用者使用，不得利用优势地位提供歧视性或者排他性的产品和服务。

虽然对个人信用信息的保护立法可以追溯至改革开放后对个人金融信息的保护，但直到 2005 年中国人民银行宣布对个人信用信息数据库进行规范管理时，才真正提起对个人信用信息保护的重视。随着征信业面临的环境因素更趋多元，对个人信息保护的要求逐渐提高，我国也在抓紧健全征信业监管进程，2013 年出台《征信业管理条例》，主要在信息采集规范、使用目的、保护用户隐私等方面作出规定。并在同年颁布《征信机构管理办法》，提出征信机构应当制定维护信息安全的制度以及相应的操作流程，建立用于信息保密管理的内部系统，并根据需要立即将其提交给中国人民银行管理层进行登记；2015 年发布的监管指引，提出应该对个人敏感数据源进行管控。地方政府也在不断进行探索，2017 年上海等地陆续出台社会信用相关管理办法，但也存在将征信信息扩大化的趋势，将个人不良行为信息也纳入了个人征信系统。随着大数据处理能力的加强，对个人征信进行侵害的形式和内容都在调整，而信息泛滥和潜在的安全风险也在显著加强。在此情况下，2020 年以来，《中华人民共和国民法典》《中华人民共和国个人信息保护法》《中华人民共和国数据安全法》《中华人民共和国征信业务管理办法》陆续颁布，在加强个人信息保护方面更加规范。

《中华人民共和国民法典》和《中华人民共和国个人信息保护法》是目前我国对信息主体保护最重要的两部法律。《中华人民共和国民法典》规定：自然人的个人信息受法律保护[①]《中华人民共和国民法典》人格权编第六章"隐私权和个人信息保护"，明确了对隐私权和个人信息的保护，也为进一步制定《中华人民共和国个人信息保护法》提供了上位法准备。民法典在第六章对个人信息的概念、处理的含义、私密信息与非私密信息的法律适用、个人信息的合理使用、个人信息权益的内容、信息处理者的义务等作了规定[②]。8 个月后，《中华人民共和国个人信息保护法》获颁，这是我国第一部个人信息保护方面的专门法律，在这部法律中首次提出"个人信息权益"，将保护个人信息权益作为立法目的之一，明确禁止任何组织、个人侵害自然人的个人信息权益。《个人信息保护法》第二章、第三章详细规定公民个人信息处理规则，第四章与第五章分别规定公民个人对个人信息处理者的权利：包括知情权、决定权、查阅复制权、个人信息可携带权、更正补充权、删除权、解释说明权等，同时规定个人信息处理者的义务。此外还对违反《个人信息保护法》规定处理个人信息的法律责任做了详细规定，其中涉及责令改正、警告、没收违法所得、处以对机构和直接责任人员主管人员的罚款等，区分情节

---

① 《中华人民共和国民法典》第 111 条规定。

② 《中华人民共和国民法典》第六章第 1034~1039 条相关规定。

特别严重情况，给予更严厉的惩戒措施。[①]

（三）我国个人征信立法内容的演化分析

1.我国征信立法体现了从无到有、逐渐丰富细化的特点

虽然我国个人征信立法起步较晚，但发展非常迅速，主要表现在个人征信立法进程在 2020 年前后的急剧发展阶段。我国征信核心法律法规目前有四部：从最初对征信活动、征信管理监督的框架性、原则性规定，到 2021 年《征信业务管理办法》规范更加细化，体现了法律法规随着社会经济实践发展不断演进的特点。同时，我国征信立法内容随着实践的发展需要，各方权利主体权利义务内容的规定更加多元化。此外，个人征信立法从最初以对征信业务规制为主逐渐发展到强化对个人信息的保护、对个人信息安全的保护，逐渐体现相关立法的前瞻性。这更多地体现在征信核心法律以外的其他法律规范中，《中华人民共和国民法典》《中华人民共和国个人信息保护法》对于信息主体权利保护更加明确且细化，逐渐体现出信息主体对于信息的主动控制性；《中华人民共和国网络安全法》《中华人民共和国数据安全法》的出台使对个人信用信息的保护上升到国家安全层面。

2.对信息主体的保护力度加大，保护内容趋于多元丰富

首先，对信息主体的保护由特定主体转为全社会覆盖，对信息主体权利的人格权保护从间接保护到直接保护且有和扩大倾向。立法准备阶段，法律制度保护的是特定的金融消费者；到立法探索期，保护的是信贷消费者；立法完善期强调的是消费者，从自然人属性加以的定义权利范围。权利范围也在不断演化，由隐含意义的隐私权保护到明确提出保护个人信息权，其间权利内容也在不断发展，由最初的限制查询权，再到信息主体的同意权、知情权、查询权、异议权、修改权、删除权，更是补充了信息主体的查阅复制权、个人信息可携带权、更正补充权、解释说明权等新型权利。

其次，个人信息采集范围扩大，知情权和同意权机制逐渐细化。在征信立法准备阶段，被视为商业秘密和个人隐私的个人金融信息线下采集难度大，且使用范围有限，信息采集制度未建立。后个人信息成为保护客体，地方性法规在此解读将个人特殊信息用列举的形式表现出来，规定禁止采集，如宗教信仰等。2013 年以后，法律法规中存在各种定义的信息名称，大体包括个人身份识别信息、个人信贷交

---

① 《中华人民共和国个人信息保护法》第七章相关规定。

易信息、个人金融信息、个人公共信息、个人特殊信息等。《中华人民共和国民法典》中提到了个人私密信息,适用隐私权的规定;《中华人民共和国个人信息保护法》中提到敏感个人信息,包括生物识别、宗教信仰、特定身份、医疗健康、金融账户、行踪轨迹等信息,规定只有在特定的目的和充分必要性前提下才可以处理。

对个人金融信息,前期法律规定保密,限制使用。《征信业管理条例》第十三条规定了采集个人信息应当经信息主体本人同意,第十四条规定征信机构"收入、存款、商业保险、纳税信息"等7项不得采集信息在征信机构明确告知信息主体后需取得书面同意。《中华人民共和国个人信息保护法》规定了处理敏感信息需要个人单独同意。

最后,个人信用信息的使用制度中信息主体权益保护更趋丰富。对信息使用的各个环节的保护内容更加完善,且处理流程更加标准、规范。主要体现在以下五个方面:

第一,有关保存期,在地方法规中规定5年、7年或长期保存的,但《征信业务管理办法》中明确提出不良信息的保存期限为5年,保存期届满应当删除。但未规定正面信息保存期。①

第二,在查询环节中,对各类查询主体的查询权限更倾向于区别性规制。征信立法准备阶段查询主体主要是公共机构。后期地方立法对查询作出具体规定,对公共机构、非公共机构和信息主体查询作出相对应的规定。《征信业监管条例》规定非公共机构查询服务需书面征得同意并约定用途,向第三方提供征信信息前需经过信息主体同意,信息主体可以两次免费查询本人征信报告等。《征信业务管理办法》又对征信机构内部工作人员查询获取信息作出规定,严格限定查询、获取信用信息的工作人员的权限和范围,且规定建立工作人员查询获取信息的操作记录。②

第三,更正环节,从立法走向上来看,更加扩大异议信息范围,且处理异议信息的方式更加丰富。《中华人民共和国个人信用信息办法》有较为完整的异议信息处理程序。《征信业务管理办法》对异议的规定是征信主体认为信息存在错误、遗漏的,有提出异议的权利,也有向人民银行进行异议投诉的权利,同时还有要求删除异议信息的权利,且规定有权要求在信用报告中添加异议标注和声明,③实

---

① 《征信业务管理办法》第20条规定:征信机构采集的个人不良信息的保存期限,自不良行为或者事件终止之日起为5年。个人不良信息保存期限届满,征信机构应当将个人不良信息在对外服务和应用中删除;作为样本数据的,应当进行匿名化处理。

② 《征信业务管理办法》第33条相关规定。

③ 《征信业务管理办法》第26条、第27条相关规定。

现了对异议权的延展。

第四，信用评估没有统一的标准，但在《征信业务管理办法》中规定信用评价类产品和服务的评价方法、模型和主要维度要素要向央行或者省会（首府）城市中心支行以上分支机构报告[①]。

第五，跨境转移环节，我国开始并未建立跨境信息保护制度，但《征信业务管理办法》对此进行制度安排，征信机构向境外提供个人信用信息，必须合法且有特定用途需要，经审核采取单笔查询的方式。[②]

第四节　我国个人征信监管机制
‑‑——监管体系现状及评析

一、中央统一监管模式的适用

在征信监管体系方面，我国采用了中央统一监管，这也是依照建立公共征信系统国家的监管惯例，体现了与征信模式相统一的特点，同时我国的征信监管也适应我国国情实际需要的。中国人民银行早在 2003 年就在中国人民银行总行成立了征信管理局，继后在分支行相应设立了征信管理部门，以信贷征信管理工作职责，对全国征信机构进行监管。2006 年，中国人民银行成立事业法人单位征信中心，并于次年从管理部门脱离，征信中心只负责征信业务工作，标志着总行实现了征信监管与征信业务的分离，彰显了征信业管理的进步。目前，我国已在国内 31 个省（自治区、直辖市）和 5 个计划单列市进行征信分中心布点。

2013 年颁布《征信业管理条例》（以下简称《条例》），规定中国人民银行及其派出机构依法对征信业进行监督管理，县级以上地方人民政府和国务院有关部门依法推进本地区、本行业的社会信用体系建设，培育征信市场，推动征信业发展[③]。该《条例》明确我国的征信监管机构是中国人民银行及其派出机构。2014 年，央行发布《征信机构管理办法》和两个金融行业标准，对征信业进行了更加细致的规范。就此，我国明晰了个人征信的监管分工，初步确立了监管框架。中国人

[①] 《征信业务管理办法》第 31 条相关规定。

[②] 《征信业务管理办法》第 40 条相关规定。

[③] 《个人征信监管条例》第 4 条相关规定。

民银行及其分支机构对个人征信市场的监管主要通过三个渠道进行：一是在征信机构的市场准入方面进行监管，二是对征信机构的信息来源单位进行检查和处罚，三是对征信机构进行日常监管。中国人民银行对征信的监管本质上是行为监管。

《中华人民共和国数据安全法》[①]规定各地区、各部门对本地区、本部门工作中收集和产生的数据及数据安全负责；金融等 8 个部门的主管部门承担本行业、本领域数据安全监管职责；公安机关、国家安全机关等依照本法和有关法律、行政法规的规定，在各自职责范围内承担数据安全监管职责；国家网信部门负责统筹协调网络数据安全和相关监管工作。《中华人民共和国个人信息保护法》[②]规定国家网信部门负责统筹协调个人信息保护工作和相关监督管理工作；县级以上地方人民政府有关部门的个人信息保护和监督管理职责，按照国家有关规定确定。从最新监管思路上来讲，涉及金融领域行业内的数据安全仍归由金融主管部门即中国人民银行监督管理，但统筹协调的是国家网信部门，而在个人信息领域的保护工作由国家网信部门负责统筹，目前来看，对于网络安全、数据安全、个人信息保护在整体统筹上都由国家网信部门来负责统筹，但具体到行业内，征信业的监管职权仍归属于中国人民银行。除征信监管体系以外，还有主要涉及对信息提供者的监管，其他监管机构作为监管关联部门，涉及银保监会、市场监管部门、法院、公安、税务、海关等机构。

二、我国个人征信监管体系评析

虽然我国征信监管体系框架已经搭建，从整体上来看，在现阶段征信监管实现了特定时期的监管目标，但监管体系本身和监管过程中仍存诸多问题。

我国选择以中国人民银行总行为监管主体的模式，是由我国的国情所决定的。首先是国内征信市场发展时间短且不充分，我国现代意义的征信发芽于改革开放后的信贷发展，市场规模小且公民信用意识薄弱；其次是我国征信准备期还深受计划经济影响，征信市场发展不充分；最后是统一监管适应我国国情，可以有效降低治理成本，防止市场可能的混乱发展。

从目前来看，我国的征信监管体系是基本适应我国国情的。但随着金融科技新业态及监管趋势的发展，社会信用体系建设的纵深发展，和《中华人民共和国民法典》《中华人民共和国个人信息保护法》等上位法对于个人信息权益保护提出

---

① 《中华人民共和国数据安全法》第 6 条相关规定。

② 《中华人民共和国个人信息保护法》第 60 条相关规定。

的更高要求，以及公众、社会对于征信未来的期待，我国个人征信监管体系建设任务仍然任重道远。

第五节　我国个人征信监管机制面临的挑战

如前文所述，我国个人征信业的法律制度框架与监管框架已经形成，但目前面对我国互联网消费金融业务量和我国个人征信业务需求量的急剧增长的供需矛盾，现有的法律制度和监管体系也面临着较大的挑战。

一、个人征信法律制度不够完善

由于大数据技术的发展，我国经历了 P2P 网络借贷的喷涌发展，其时市场需求也催生了征信新业态的出现，"类征信"机构层出不穷，征信边界模糊，征信立法一直处于立法"补漏"状态，缺乏对征信整体立法的顶层设计和统筹思考。结合近年来征信立法工作实际，虽然征信立法建设已经有了长足进步，但距离市场对征信立法需求仍有较大差距，征信业的发展需要一个法律制度完善的环境，以有效降低征信失灵发生的可能性。尤其是随着近几年社会信用体系建设的规范化建设，给征信立法提出了更高的建设要求。目前来看，我国个人征信法律制度仍存在诸多问题。

（一）个人征信法律制度尚不健全

根据现有法律制度建设情况，我国已经构建起个人征信法律制度框架，基本建成以《征信业管理条例》《征信业务管理办法》等征信业务类监管法规为核心，以《中华人民共和国民法典》《中华人民共和国个人信息保护法》《中华人民共和国刑法》等诸多法律为关联法律，以多项国家标准、业务标准为辅助，以业务实施规范性文件为补充的法律制度体系，但由于征信法律制度大多是为了解决现实情况、现实问题所导致的"反应式"立法，因此在立法层次上、法律制度之间的衔接上、法律制度的系统性上仍在诸多不足。

1. 立法层次低，实施细则亟待细化，具有操作性不强的特点

第一，立法层次低。立法层级直接决定其权威性和强制性程度，也反映立法者对该法价值定位和重视程度。目前我国有三部规范个人征信的核心法规，分别是《征信业管理条例》《征信机构管理办法》《征信业务管理办法》。《征信业管理条例》是国务院颁布的行政法规，而后面两个办法属于部门规章，存在法律位阶过低的问题。

法律位阶低，会造成以下两种负面影响：一是在监管部间如果缺乏上位法，会导致协调成本增高、执法难度加大；二是在法律实施的过程中，地方政府会根据当地需要或宽松或严格的执行，导致整个征信法律执行尺度不一，造成实质意义上的不均衡，从而影响整体执法的公平与统一。

《中华人民共和国个人信息保护法》《中华人民共和国民法典》为个人征信立法提出了新要求。虽然对征信主体权利的保护法——《中华人民共和国个人信息保护法》已经出台，且有《中华人民共和国民法典》对于隐私权和个人信息权的保护，但对于规范发展征信业，从维护征信业健康发展与个人信息权益保护的双向目标上，从目前《中华人民共和国个人信息保护法》《中华人民共和国民法典》对个人征信监管提出的更高的标准上，征信核心监管法律立法已经势在必行。

此外，社会信用体系建设对征信立法提出了更高的要求。2022年10月，中国人民银行征信管理局提出将进一步建设完善覆盖全社会的征信体系，为经济社会发展提供高质量服务。覆盖全社会的征信体系必须要以健全的法律制度做支撑。

第二，征信相关法律的实施细则、流程、标准规则等亟待完善。《征信业管理条例》实施已经十年了，也正是我国经历互联网金融领域的深刻调整，在应对互联网金融和征信新业态方面，实施细则、流程和标准规则缺乏的局限性逐渐暴露。在涉及征信流程、信息安全保护、征信报告等问题的专门性立法和诸如行政规章、部门规章、行业标准的配套性制度规定较为缺乏。条例的内容整体上原则性规定较多，内容较为单薄，更多地侧重市场化征信机构市场准入、公共征信机构的维护、征信业务规则，征信监管部门职责等，在信用信息采集环节、信用信息的加工环节展开条例的内容总体上仍较为单薄，主要围绕市场化征信机构的准入、公共征信机构的维护、征信业务规则、信用信息的披露和使用环节、个人征信投诉处理程序等方面存在原则性规定过多，可操作性不足、盲点较多的问题。虽然《征信业务管理办法》在2021年对条例做了一定细化，规范了流程和标准，但个人征信业务规制的针对性、准确性和可操作性仍然有差距。

2. 法律制度多且散，制度框架内协调程度不够

根据对我国征信法律制度演化研究可知，立法层级涉及法律、行政法规、部门规章、地方性法规、行业标准、法律规范性文件等不一而足，我国征信法律制度不仅数量多而且分散，对于征信主体和征信机构会增加法律适用成本，也会导致征信主体的维权困难。

2021 年前后我国征信相关立法密集出台，体现了国家对个人权利保护、国家金融安全和国家信息安全的重视程度。比较典型的是我国《个人信息保护法》立法已经走在了世界的前列，但个人信息相关领域、行业的配套制度没能跟上。除此以外，征信核心法律与相关法律制度的不协调之处仍有很多，主要体现为法律制度之间的衔接性不足。首先，没有与上位法实现有效衔接，主要体现在 2013 年颁布《征信业管理条例》，且属于行政法规，与上位法法律的衔接性不足。《征信业管理条例》目前仅在市场准入方面实现了与《中华人民共和国公司法》的衔接。在征信异议和投诉部分，未能与诉讼法相衔接；在法律责任方面，未能有效衔接民法、行政法和刑法。其次，征信监管的有些新制定法规虽然体现了上位法，但在具体规定上仍有衔接性不够的问题。如《中华人民共和国个人信息保护法》第 55 条①第 4 项规定，向境外提供个人信息应进行个人信息保护影响评估，而《征信业务管理办法》第 40 条向境外提供个人信息，没有具体个人信息保护影响评估的要求。最后，与征信业务监管的法律之间存在冲突不一致的地方。《征信业管理条例》的部分条款还与其他法律规范之间存在不相协调甚至矛盾的地方，例如，《征信业管理条例》第 40 条第 5 项②与《中华人民共和国商业银行法》第 77 条③在法律责任上的规定存在不一致。从整体来看，征信相关法律规定仍需进一步协调。

---

① 《中华人民共和国个人信息保护法》第 55 条：有下列情形之一的，个人信息处理者应当事前进行个人信息保护影响评估，并对处理情况进行记录：（一）处理敏感个人信息；（二）利用个人信息进行自动化决策；（三）委托处理个人信息、向其他个人信息处理者提供个人信息、公开个人信息；（四）向境外提供个人信息；（五）其他对个人权益有重大影响的个人信息处理活动。

② 《征信业管理条例》第 40 条第 5 项规定，向金融信用信息基础数据库提供或者查询信息的机构拒绝、阻碍国务院征信业监督管理部门或者其派出机构检查、调查或者不如实提供有关文件、资料的，由国务院征信业监督管理部门或者其派出机构责令限期改正，对单位处 5 万元以上 50 万元以下的罚款；对直接负责的主管人员和其他直接责任人员处 1 万元以上 10 万元以下的罚款。

③ 《中华人民共和国商业银行法》第 77 条规定，商业银行拒绝或者阻碍中国人民银行检查监督的；提供虚假的或者隐瞒重要事实的财务会计报告、报表和统计报表的，由中国人民银行责令改正，并处 20 万元以上 50 万元以下的罚款。

3. 我国征信法律规范仍有诸多空白之处，具有系统性不足的特点

首先，是立法遗漏问题。经过多年发展，我国失信惩戒机制已相对完善，而征信修复机制一直未能在法律上得到体现。随着征信法律规范的普及和推广，信用报告得到广泛应用，各失信主体对信用修复的需求已然越来越多。实际上，失信惩戒机制和征信修复机制并重，即"双轮驱动"最有利于征信市场的良性发展。与国外征信体制相对发达的国家相比，我国可通过立法适当引入信用修复机制。在现实中，我国企业一旦拥有不良信用记录，在后续融资、招投标等市场活动中会处处碰壁、寸步难行，很容易导致这些企业"破罐子破摔"，或采取违法的方式实现有社会价值的目的。因此，在社会信用体系建设过程中，建立和完善失信惩戒机制的同时，也要建立和完善科学的信用修复机制，为失信的信用主体修复其信用提供有效的手段、渠道、方法和路径，运用信用修复机制激励、督促失信主体主动悔过、回归诚信社会，从而达到"治病救人"的效果，使这些企业更好地继续为社会建设发挥作用。所以，信用修复机制作为失信惩戒机制的补充，对社会、对企业都有很大的必要性。2013年施行的《征信业管理条例》中仅规定了存有异议的征信主体如何行使"异议权和投诉权"，但缺少"信用修复"的概念。有些地方通过地方立法的形式规定了信用修复方式，如河南省、山东省威海市等，有些弥补作用，但此类信用修复与个人征信领域信用修复不尽相同。因此，信用修复机制的建立具有较强的实践意义。

其次，是与其他社会关系相协调过程中体现出来的立法空白。在社会信用体系建设过程中，与征信相关的法律空白时有发现。例如，"失信黑名单"制度，新闻媒体经常关注和报道，而其执行的法律依据主要是政府规范性文件，主要是在2013年的《征信业管理条例》和2022年的《征信业务管理办法》中体现，目前这两项法规已属执行层面的最高规定，除此之外，《中华人民共和国个人信息保护法》《中华人民共和国中国人民银行法》等法律的相关规范较少。同时，关于失信惩戒规制的法律条文也比较分散，在实际操作中必然会降低法律依据的层级，有时无法可依、流于形式，有时还出现缺少上位法的情况。立法部门尚未对该领域给予足够关注。鉴于此，失信惩戒规制的实践只能基于规范性文件或政策文件中的零散规定。再者，越来越多的行业、领域在实践中纳入了适用"惩罚性行政黑名单"的行列，如税收、金融、住宿、高铁、旅游等，在某些地区已出现监管缺失或疏漏，在这种情况下，"惩罚性行政黑名单"制度被滥用、被扭曲的可能性在增加。

最后，针对社会化个人征信机构与公共征信机构之间的关系没有法律规定。

征信监管部门提出社会化个人征信机构与公共征信机构之间要优势互补、错位发展，但在相关法律制度内并未有类似规定，机构之间没有协调依据。

（二）个人征信立法滞后于实际所需

当私营企业申请个人征信机构牌照时，往往使用互联网技术以及大数据技术，使信息收集渠道增加、信息收集范围扩大。在一定程度上又造成个人信息滥用或泄露的情况，从而凸显信息流通的技术保障工作不足、传统个人征信法律监管体制的落后。因而，新型互联网金融个人征信法律监管机制的建立是时代所需，法律监管的科学性、时效性需与时俱进。

二、个人征信法律制度对隐私权和个人信息权益保护不到位

（一）个人征信法律监管下个人隐私权保护不到位

对于隐私权的保护，在我国立法中经历由间接保护到直接保护、由人格利益到具体人格权保护的演化路径。我国隐私权的立法模式在《中华人民共和国民法典》中将权利内容的构成作为重点。《中华人民共和国民法典》第 1032 条和第 1033 条将隐私区分为私人生活安宁、私密空间、私密活动和私密信息四大部分，并按照上述顺序排列列举了针对各类情形可能出现的侵权行为而加以禁止，这种立法保护体例基本周延了隐私权的保护方式，通过反面界定的方式凸显了隐私权消极防御的特征，但立法者同时倾向于有意回避隐私权保护中极易出现的利益衡量和限制问题[①]，这就导致隐私权边界不易界定的问题。因此对于征信中的隐私权界定和隐私侵犯后的惩处均应更为清晰化。

（二）个人征信法律监管下个人信息权保护不到位

虽然在现有的个人征信法律监管体制下规定私权益的保护，诸如赋予信息主体在征信运行内的知情权、同意权、异议权、投诉权等个人信息权，但目前我国的法律规定较为抽象并且操作性不强。例如，与传统个人征信业务中信用收集方式不同，在互联网模式下信息主体被收集的个人信息数据更为复杂，涉及金融信

[①] 《中华人民共和国民法典》第 1032 条和第 1033 条。

息、社交信息、网络行为、账户信息等多个领域，个人进行的一切网络行为都可能被信息收集者无形监控，我国立法规定"同意权"来进行限制，并根据信息"敏感"程度作出"单独同意""书面同意""同意"来限制个人信息被违法广泛收集，但在信息收集过程中信息主体是处于被动地位的，网络侵权行为难以被信息主体察觉，从而无法主张"同意权"；且从成本角度考量，信息主体的维权成本大且举证困难，因此"同意权"的行使在实践中难以达到预期法律效果。

此外，大数据征信的出现使互联网机构获取个人信息的途径更加专业化和隐蔽化。以比较有代表性的芝麻信用为例，其主要个人数据包括网购、转账、理财等信息，这些信息的电商数据来自阿里巴巴，互联网金融数据来自蚂蚁金服。以转账、理财信息为例，《中华人民共和国个人信息保护法》金融信息被列入个人敏感信息，只有在具有特定的目的和充分的必要性，并采取严格保护措施的情形下，个人信息处理者方可处理敏感个人信息[1]，且应当获得个人单独同意[2]。单独同意，是指在处理特殊的个人信息或处理个人信息的特殊行为、场景时，个人信息处理者必须就其处理目的、行为等单独向个人告知并取得同意。金融等数据往往带有人格权属性，法律也作出了严格的规定，但在实际执行中往往由于网络的特殊性、"单独同意权"极难行使等问题导致对个人信息权益保障不足。

三、个人征信监管体系尚不完备

（一）征信监管部门的角色定位不明，多头监管导致行政监管缺乏效率

1.征信监管部门角色定位不清晰

在央行层面，征信管理局与征信中心同属央行，虽然对两个部门的职责有清晰界定，但两者存在天然和密切的联系。在基层支行层面，征信管理处和征信中心往往合并为一个部门，在征信监管中处于双重角色。这一方面可能导致监管效力降低，另一方面容易使公众认为征信监管缺乏社会公信力。

2.多头监管导致行政监管缺乏效率

首先，个人信用信息来源的广泛性使监管多头，导致信息共享和整合方面缺乏效率。政府信息公开条例对信息共享规定并不明确，且征信行业没有上位法依

---

[1] 《中华人民共和国个人信息保护法》第28条。

[2] 《中华人民共和国个人信息保护法》第29条。

据导致缺乏信息共享依据，同时各部门存在信息标准不一、电子化程度不够、部门内相对封闭的情况，这些因素都加强了信息共享难度。信息难以共享容易导致信息壁垒、信用数据收集成本提升，进而导致信用数据缺乏质量保障。其次，在处理征信违法方面，虽然中国人民银行有协调机制，但很难实现效果。没有良好协调机制的多头监管陷入谁都可以管但又都不管的怪圈，各部门协调配合难度大，导致效率不高。

（二）传统监管形式不适应征信发展需要和我国社会信用体系建设需要

通过研究个人征信监管实践，可知监管机构在监管手段和监管形式上都十分单一。我国传统征信监管模式一般是以强制力为后盾，采用单向性惩戒性的行政手段实现监管目标。同时在征信监管实践中，更多地采用"基本为现场检查、重点为合规检查、性质为结果监管、方法为抽查监管"的行政监管方式，监管主体单一、监管力量分散，不能保证监管的连续性，且无法兼顾不同生产领域市场主体的特殊性，监管成本高、效率低。随着互联网、大数据等新兴技术和新兴业态的兴起，个人信用应用场景的扩展，也为监管形式和手段提出了更高的要求。

2019 年以后，对于社会信用体系的建设和信用建设中的监管，国家出台一系列文件，文件的主旨精神是要创新监管机制。《关于加快推进社会信用体系建设构建以信用为基础的新型监管机制的指导意见》（2019）中提出，要加强信用监管为着力点，创新监管理念、监管制度和监管方式，建立健全贯穿市场主体全生命周期，衔接事前、事中、事后全监管环节的新型监管机制。[1]《关于推进社会信用体系建设高质量发展促进形成新发展格局的意见》（2022），提出了创新信用监管，健全以信用为基础的新型监管机制，建立健全信用承诺制度，全面建立企业信用状况综合评价体系，以信用风险为导向优化配置监管资源。[2] 这些都为个人征信监管提出了更高的要求。从目前我国的监管机制上来看，对于监管的方法和手段与国家要求仍然有距离，从监管内容的匹配程度，到事前事中事后监管的环节、程序、手段都没有打通。

---

[1]　2019年国务院办公厅颁布《关于加快推进社会信用体系建设构建以信用为基础的新型监管机制的指导意见》，提出了贯穿市场主体生命周期的监管方式。

[2]　2022 年关于推进社会信用体系建设高质量发展促进形成新发展格局的意见》第16条相关规定。

（三）市场化征信机构带来的新挑战

1.信用需求增多与征信机构有效供给之间的矛盾

我国市场化征信机构的准入门槛高，尽管目前获批的市场化征信机构只有两家，但我国纯消费信贷在近5年的增长是10年前的800多倍，市场对征信产品和服务的需求体现出需求量大、多样化、差异化和个性化的特点，这会促进征信机构进行市场细分、精细化营销、个性化服务。从目前来看，供需之间具有矛盾。

2.市场化征信机构的出现带来了新的监管难题

市场化征信机构的出现使我国原来长期单一的以公共征信系统监管为主的个人征信监管发生了显著变化。首先，市场化征信机构一旦出现失信行为，会产生更大的危害。传统视角下私营征信机构在公众看来往往属于带有监管性质的从事信用服务的机构，对于征信机构的监管要突破原来对于公共征信机构的监管方式，要采用创新化的专业性的监管方式。其次，在由互联网技术引发的对征信领域巨大冲击的形势下，市场化征信机构出于营利目的必然会扩大征信产品开发，新的征信业务如大数据画像、评价等未来都会出现在监管内容中，此外还有突破传统信贷领域的新的征信应用场景的出现，这也意味着原来"大一统"的监管方式已不适合我国新的国情。如何保障个人信息权益，又能实现征信机构的良好发展，是目前我国征信监管面临的一个问题。

（四）行业自律监管缺乏，失信惩戒机制发挥不明显

个人征信业属于专业化程度很高的行业，具有经济社会效益好、企业边际成本递减、行业自律要求高等特点。行业管理组织或者民间机构往往从专业化协会管理的角度，通过协助司法机关立法、提供信用行业的教育培训、颁发从业执照或者对国家制定的标准或者规则提出建议的方式参与征信行业监管。行业自律机制在征信发达国家非常普遍，一般是通过"政府＋自律协会"的方式进行监管。政府监管和行业组织的监管在主体、课题和内容方式上具有不同。一般来讲，政府行政监管显著具有公权力的特点，虽然在监管中与被监管主体具有对立的特点；但行业协会等自律组织站在加强对个人征信业的自我管理和内部约束角度，可以有效补充政府监管政策的空白和漏洞，配合政府实现对个人征信业监管协调有效监管。而在行业自律监管方面，我国现行监管机制无疑是还没有实现。

失信惩戒机制发挥作用不明显。失信惩戒机制是预防违法行为的有效机制。

虽然国务院部委出台了相关失信惩戒文件，各省也在开展失信联合惩戒工作，但对比欧美失信惩戒机制，我国仍然存在以下四个问题：①缺乏系统性的制度安排，执法法律依据缺乏。主要表现为顶层制度设计缺失，缺乏上位法。执法部门在执法过程中，无行政执法依据和失信行政处罚的依据，征信监管部门从整体上存在越位或缺位情况，严重影响了执法的公信力和效力。②失信行为界定缺乏标准。主要表现为各省执法过程中的尺度问题，以及在社会层面缺乏共性认知的问题。③执法手段单一，失信惩戒程序不完善。主要表现为行政执法手段未能较好发挥柔性手段的作用，失信惩戒程序设定不够科学和系统，不注重失信惩戒效果和反馈。④信用修复机制可操作性不强，征信文化尚未充分培育。主要表现为建立完善的信用修复机制，征信文化氛围不浓厚等。

第六章 个人征信监管机制的内在冲突与平衡

从前文对美国、欧盟和我国个人征信监管机制的实践可知，个人征信监管机制的良好运行对个人征信市场的健康发展尤为关键。虽然各国由于国情、历史文化因素和本国经济发展情况不同，个人征信市场和模式都体现出不同的特点，但各国个人征信监管机制都或多或少存在问题。完善的征信体系可以促进征信功能的正常发挥，征信的正外部性可得以实现，如果征信体系不完善，一旦征信功能失灵，那么就会导致征信负外部性的出现。为了避免征信负外部性对金融领域、经济社会造成负面效应，本章对个人征信监管机制的内在冲突和平衡进行延伸分析，提出个人征信监管机制的平衡模式。

第一节 个人征信市场的制约性因素

一、个人征信市场发展中的冲突与平衡

各国规范信用信息使用的法律法规限制了隐私信用信息的共享使用，这在某种程度上制约了个人征信市场的效率，征信权的合理规范使用是个人征信市场健康发展的关键，在个人征信市场发展进程中，征信权和个人权利保护在很多方面表现出了冲突性因素，主要体现在以下两方面：①在信息共享的研究历程中，征信是一个综合体；②征信市场发展的冲突性因素，不可避免地关乎社会公共利益和个人自由，同时也关乎个人人格性权利和征信信息完整性。而上述两点构成了个人征信市场发展的最显要的冲突性因素，在应对冲突性因素中，征信监管机制的构建要通过权衡冲突，实现对本国个人征信市场监管的平衡。

（一）个人自由与社会公共利益之间的冲突与平衡

个人自由与社会公共利益在征信市场中是一对必然的矛盾体。信息经济学认为大量私有信息的存在导致信息不对称的情况出现，也就容易导致人们在交易过程中因为隐藏私有信息而做出的"逆向选择"或者"道德风险"。建立征信体系目的是克服市场经济中的信息不对称，征信行为是通过让渡个人对自身财产状况、履约行为、守信守法行为等信息享有的权利而获取他人、征信市场和社会的预期整体利益。当然，征信市场的建立、个人征信体系的构建能够实现维护社会公共利益的目标，这是征信体系存在的基础，但在过程中也不能完全牺牲作为个人价值实现前提的个人自由等个人权利。因此，在征信体系的构建中，必须要考虑对个人私权利的保护，重点是对个人隐私权的制度设计，就此实现个人自由与社会公共利益之间的平衡。

在机制架构中实现个人权利与社会公共利益的平衡。社会公共利益并不是社会中所有个人的利益简单加总，社会公共利益最大化并不是社会中每个人的个人利益最大化，社会公共利益代表某时期社会整体利益，是经济、市场和社会的综合利益，虽然整体利益最大化势必会损害个别的个人利益，但并非零和博弈，这对社会整体而言并没有利益的增量增加。例如，个人的违约信息或违法犯罪等信息的披露会损害当事人的利益，招来社会个人的不公平待遇，但就整体而言，并非是不必要的，此种信息的合理披露似乎对社会公共利益而言是利大于弊的。从长远来看，对信息主体也是一种合理的规制。如阿克洛夫的柠檬市场理论，对不良信息的保护对经济效率也是一种损失。个人利益让位于社会利益符合社会大众的价值观。市场体系的建立要站位在社会总体需求，并不代表某类、某个人的利益，从长远来看，从公平和效率出发的个人市场监管体系的建立对社会公众都是有益的；从短期来看，可能给个人带来困扰，但却长期有益，从根本上符合个体权利保护特性。

（二）个人权利保护和征信信息完整性之间的冲突与平衡

对个人权利保护的追求与征信信息完整性之间也存在冲突性。在信息共享中要考虑共享内容的合理性，例如，国家文化差异对信息共享的影响。个人的性别、民族、家庭出身、宗教等个人隐私信息对征信机构来说可能是制定征信产品需要考量的指标，但国家、民族或宗教信仰等差异会阻碍个人隐私信息的共享，隐私的侵犯可能会和公民的道德伦理观念产生冲突，由此信息完整性要顾及公民的伦理观念，寻找一种可行的方案来化解二者之间的矛盾，包括个人信用信息采集范围、公开界限、公开的方式等都需要事前进行考量，这也是监管机制需要重点关注的地方，保证个人信用市场的合法性使其不偏离社会公序良俗。

在机制架构中平衡信用信息共享与个人权利的保护。信用经济成为现代市场经济的特征之一，多维度、多层次的信用体系的构建防范了市场经济的金融风险，使市场配置资源的效率得以提高。从信用主体行为来看，获取信息一方希望获得更多的信息来支撑自身的经济决策从而攫取经济利益，而信息主体一方则希望通过个人权利保护避免共享自身信息免受自身信息共享后的利益损失困扰或权利和责任的不对等，所以信息的供给和需求间出现的不均衡状态，如何通过规范市场主体行为使其达到均衡成为关键。以隐私权为例，应采取以下两项措施：一是要确保信用信息的自由流通，先打通流通渠道使市场运转起来，但要主动约束隐私信息的使用，承认隐私信息的合法性基础上控制隐私信息的使用行为，变消极保护为主动控制；二是要规范市场主体的信息采集和共享等环节的行为，通过赋权方式限制参与共享信用信息的主体行为，只有拥有信息采集、公开权限的主体，才能依照程序合理合法参与信用市场行为，还有通过信息拥有主体的同意后才能获得相应信息，如此种种措施都可以在信息共享和隐私保护间达到某种平衡，承认信息共享的合法性基础上对其进行合理规制，使其在合适的轨道上前行发展。以被征信人的"同意权"等基本权利为基础克服征信机构对征信权力的滥用，实现保护个人权利的目的。

毋庸置疑，个人信用信息共享和个人权利保护（尤其是隐私权保护）本就是对立统一的，个人征信监管机制的构建需要考虑合理适度共享，平衡个人权利保护和信息共享的关系，从共享方式、共享内容、市场监管等方面设计严格合理的机制，根本原则是个人利益让位于社会公共利益和共享信息规范两个方面，既要做到信用信息的适度披露符合社会公共利益的同时，又要做到保护个人基本权利不被侵犯，防范信息滥用风险，共享和保护相结合的体系建设是个人征信市场平稳运行持续发展的关键。接下来，我们通过实证对征信市场中隐私信息的采集范围做出确定，以确定哪些因素对违约行为影响大需要纳入采集范围，而哪些因素对违约行为不造成影响应归为隐私信息保护范畴。

二、征信市场中隐私信息的范围界定

在探讨个人征信市场中的冲突与平衡之后，接下来有必要研究征信市场中哪些因素影响客户违约，而哪些因素对违约不造成影响，进而把握征信信息采集中的信息内容范围，建立合理的信息保护机制。

本书从贷款的个人特征和贷款特质两个角度出发。其中个人特质有年龄、工作时长、账户持续使用时间、月收入、抚养人数，贷款特征有负债率、贷款金额、贷款的次数、贷款期限、利率和卡的数量。旨在分析哪些因素会对客户是否违约产生影响，并进一步分析个人征信监管的现实必要性。

（一）数据统计及描述

本次分析的统计数据来自某金融机构的调查数据（见表6-1、表6-2）。统计6982人，其中，男性占比67.50%，女性占比32.50%；涉及违约者1286人，占比18.42%；平均年龄33.7岁，最小19岁，最大60岁；工作时长最长39.4个月，最短1个月；账户持续使用时间中平均使用时长为2.678年；月收入最低2002元，最高41667元，均值为5429.6元，表明样本间收入差距较大；负债率最小值为35%，最大值为79.96%，表明受访者负债率水平相对较高。就贷款金额而言，最小的一笔贷款是2700元，最大的一笔贷款是500000元，平均贷款是119862元。贷款次数均值是1.043，说明样本中大部分是首次贷款。贷款的期限是3.187年，说明贷款年限大部分是短期。平均抚养人数是1.947人，说明抚养受访者有较大支出压力。卡的数量平均值是0.011。利率平均值为6.431%，表明年化利率整体相对正常。

表 6-1 描述性统计分析

名称	样本量（人）	最小值（%）	最大值（%）	平均值（%）	标准差	中位数
Age（年龄）	6982	19.000	60.000	33.711	8.454	32.000
Word（工作时长）	6982	0.100	39.400	11.523	8.390	10.100
Time（账户持续使用时间）	6982	0.100	6.000	2.678	1.111	2.700
Wages（月收入）	6982	2002.000	41667.000	5429.605	3745.115	3897.000
Debt（负债率）	6982	35.000	79.960	59.716	9.472	59.940
LOAN_AMT（贷款金额）	6982	2700.000	500000.000	119862.826	76886.143	99000.000
LOAN_Number（贷款的次数）	6982	1.000	3.000	1.043	0.263	1.000
LOAN_Time（贷款的期限）	6982	1.000	5.000	3.187	0.664	3.000
Number_Dependents（抚养人数）	6982	0.000	5.000	1.947	1.692	1.000
CARD_NUM（卡的数量）	6982	0.000	4.000	0.011	0.133	0.000
LOAN_INT_RATE（利率）	6982	3.295	11.660	6.431	1.500	6.154

表6-2　频数分析结果

名称	选项	频数	百分比（%）	累计百分比（%）
Default_or_not（是否违约）	未违约	5696	81.58	81.58
	违约	1286	18.42	100.00
Sex（性别）	男性	4713	67.50	67.50
	女性	2269	32.50	100.00
合计		6982	100.0	100.0

（二）差异比较分析

对相关变量是否违约进行差异比较分析，根据均值比较及t检验结果判断各相关因素对是否违约的影响。具体分析结果如表6-3所示。

表6-3　t检验分析结果

名称	Default_or_not（是否违约）（平均值 ± 标准差）		t	p
	未违约（n=5696）	违约（n=1286）		
Age（年龄）	34.01 ± 8.43	32.38 ± 8.43	6.245	0.000**
Word（工作时长）	11.80 ± 8.41	10.31 ± 8.20	5.731	0.000**
Time（账户持续使用时间）	2.68 ± 1.11	2.69 ± 1.12	−0.405	0.685
Wages（月收入）	5510.14 ± 3879.38	5072.88 ± 3056.74	4.393	0.000**
Debt（负债率）	59.60 ± 9.50	60.25 ± 9.32	−2.233	0.026*
LOAN_AMT（贷款金额）	119680.22 ± 76513.51	120671.62 ± 78540.52	−0.418	0.676
LOAN_Number（贷款的次数）	1.05 ± 0.28	1.01 ± 0.12	8.504	0.000**
LOAN_Time（贷款的期限）	3.19 ± 0.66	3.18 ± 0.68	0.203	0.839
Number_Dependents（抚养人数）	1.96 ± 1.69	1.88 ± 1.70	1.486	0.137
CARD_NUM（卡的数量）	0.01 ± 0.13	0.01 ± 0.14	−0.845	0.398
LOAN_INT_RATE（利率）	6.42 ± 1.49	6.48 ± 1.54	−1.269	0.204

注：* 表示 $p<0.05$，** 表示 $p<0.01$。

由表6-3可知，Default_or_not（是否违约）对于Time（账户持续使用时间）、LOAN_AMT（贷款金额）、LOAN_Time（贷款的期限）、Number_Dependents（抚养人数）、CARD_NUM（卡的数量）、LOAN_INT_RATE（利率）并未表现出显著性差异。而Default_or_not（是否违约）对于Age（年龄）、Word（工作时长）、Wages

（月收入）、Debt（负债率），LOAN_Number（贷款的次数）呈现出显著性差异。

Default_or_not（是否违约）对于 Age（年龄）呈现出 0.01 水平显著性（t=6.245，p=0.000），未违约的平均值为 34.01，明显高于违约的平均值 32.38，表明年龄越大越倾向于不违约；对于 Word（工作时长）呈现出 0.01 水平显著性（t=5.731，p=0.000），未违约的平均值为 11.80，明显高于违约的平均值 10.31，表明工作时间越长越倾向于不违约；对于 Wages（月收入）呈现出 0.01 水平显著性（t=4.393，p=0.000），未违约的平均值为 5510.14，明显高于违约的平均值 5072.88，表明月收入越高越倾向于不违约；对于 Debt（负债率）呈现出 0.05 水平显著性（t=-2.233，p=0.026），未违约的平均值为 59.60，明显低于违约的平均值 60.25，表明负债率越低越倾向于不违约；对于 LOAN_Number（贷款的次数）呈现出 0.01 水平显著性（t=8.504，p=0.000），未违约的平均值为 1.05，明显高于违约的平均值 1.01，表明贷款次数越多越倾向于不违约。

（三）逻辑回归分析

在建立 Logit 回归模型之前，对模型进行似然比检验。表 6-4 为似然比检验，对 p 值进行分析即可，如果该值小于 0.05，那么说明模型有效；反之则说明模型无效。AIC 值和 BIC 值用于对比两个模型的优劣时使用，此两个值均为越小越好。此外在数据没有归一化的情况下，输入变量的数量级如果差异很大，那么对应的、合理的权重 w 的数量级差异也会很大，但正则项会惩罚过大的权重，因此，那些本就应该很大的权重，就会被惩罚，从而最后输出的模型得不到最合理的解。

结合我们的自变量可以看出各个变量的数据数量级存在一定的差异，故先标准化处理。

表 6-4　二元 Logit 回归模型似然比检验结果

模型	-2 倍对数似然值	卡方值	df	p	AIC 值	BIC 值
仅截距	6670.390					
最终模型	6550.829	119.561	12	0.000	6576.829	6665.893

此处模型检验的原定假设为：是否放入自变量 Sex（性别）、Age（年龄）、Word（工作时长）、Time（账户持续使用时间）、Wages（月收入）、Debt（负债率）、LOAN_AMT（贷款金额）、LOAN_Number（贷款的次数）、LOAN_Time（贷款的期限）、Number_Dependents（抚养人数）、CARD_NUM（卡的数量），LOAN_INT_RATE（利率）；这里值小于 0.05，不通过统计检验拒绝原假设，说明模型指

标设定是有效的，模型构建有效。进一步以 Default_or_not（是否违约）为因变量进行二元 Logit 回归分析，分析结果如表 6-5 所示。

表 6-5　二元 Logit 回归分析结果汇总

名称	回归系数	标准误	z 值	Wald χ^2	p 值	OR 值	OR 值 95% CI
S_Age（年龄）	−0.429	0.137	−3.140	9.860	0.002	0.651	0.498 ~ 0.851
S_Word（工作时长）	0.216	0.135	1.604	2.573	0.109	1.241	0.953 ~ 1.617
S_Time（账户持续使用时间）	0.033	0.039	0.858	0.736	0.391	1.034	0.958 ~ 1.115
S_Wages（月收入）	−0.246	0.046	−5.300	28.093	0.000	0.782	0.714 ~ 0.857
S_Debt（负债率）	0.076	0.031	2.436	5.936	0.015	1.079	1.015 ~ 1.147
S_LOAN_AMT（贷款金额）	0.181	0.043	4.203	17.663	0.000	1.199	1.102 ~ 1.304
S_LOAN_Number（贷款的次数）	−0.301	0.073	−4.128	17.042	0.000	0.740	0.642 ~ 0.854
S_LOAN_Time（贷款的期限）	−0.052	0.041	−1.259	1.584	0.208	0.950	0.876 ~ 1.029
S_Number_Dependents（抚养人数）	0.073	0.037	1.977	3.909	0.048	1.075	1.001 ~ 1.155
S_CARD_NUM（卡的数量）	0.054	0.029	1.849	3.420	0.064	1.056	0.997 ~ 1.118
S_LOAN_INT_RATE（利率）	0.064	0.032	2.013	4.054	0.044	1.066	1.002 ~ 1.135
S_Sex（性别）	−0.001	0.032	−0.046	0.002	0.963	0.999	0.939 ~ 1.062
截距	−1.539	0.033	−46.698	2180.716	0.000	0.215	0.201 ~ 0.229

从回归结果可知，模型公式为：ln（p/1-p）=−1.539−0.429*S_Age（年龄）+ 0.216*S_Word（工作时长）+ 0.033*S_Time（账户持续使用时间）−0.246*S_Wages（月收入）+ 0.076*S_Debt（负债率）+0.181*S_LOAN_AMT（贷款金额）−0.301*S_LOAN_Number（贷款的次数）−0.052*S_LOAN_Time（贷款的期限）+ 0.073*S_Number_Dependents（抚养人数）+ 0.054*S_CARD_NUM（卡的数量）+0.064*S_LOAN_INT_RATE（利率）−0.001*S_Sex（性别），其中 p 代表 Default_or_not（是否违约）为 1 的概率，1-p 代表 Default_or_not（是否违约）为 0 的概率。

总结分析可知，McFadden R^2 为 0.018，可以解释 Default_or_not（是否违约）20% 变化原因；Debt（负债率），LOAN_AMT（贷款金额），Number_Dependents（抚养人数），LOAN_INT_RATE（利率）会对 Default_or_not（是否违约）产生显著的正向影响，说明负债率越高，贷款利率越高，抚养人数越多，人们的压力越大，越容易违约。Age（年龄）、Wages（月收入）、LOAN_Number（贷款的次数）会对 Default_or_not（是否违约）产生显著的负向影响，说明年龄越大，收入越高，贷款次数多的人越不容易违约；但是 Sex（性别）、Word（工作时长）、Time（账户持续使用时间）、LOAN_Time（贷款的期限）、CARD_NUM（卡的数量）并不会对 Default_or_not（是否违约）产生影响关系。

根据上述分析 Sex（性别）、Word（工作时长）、Time（账户持续使用时间）、LOAN_Time（贷款的期限）、CARD_NUM（卡的数量）并不会对 Default_or_not（是否违约）产生显著影响。那该类个人信息采集的必要性就值得商榷。而当该类个人信息不当地被征信部门采集，为防止个人隐私信息的泄露，监管的作用就极为关键。

第二节　个人征信监管机制的机理分析

个人征信监管的本质是平衡经济发展效率与法律权利公平之间的矛盾，两者总体呈现"征信创新—权利侵害—征信监管—征信再创新"的动态发展路径：①征信机构倾向于最大限度征集居民信息，通过征信产品创新不断冲击监管边界；②征信监管者则通过加强监管力度以有效保护居民个人隐私权益。平衡两者矛盾需要个人征信监管机构：①以提升全社会整体福利为目标合理配置相关各方权利和义务；②既强调个人征信市场创新重要作用，又要充分考虑监管的投入产出比。为提升监管效用，构建个人征信监管体系可从法律原则监管、行政规则监管和行业自律监管三个层面展开。以下将分别从两个方面展开具体分析：

一、个人征信法律制度体系

个人征信监管法律应处于高位阶，通过概括性而非具体性的条款来规范个人征信机构的行为。原则性监管法律要能够体现适应性、包容性和开放性，能够从宏观上平衡个人征信市场创新和个人隐私保护之间的矛盾，既要有法律的约束性，又要体现法律对市场创新的包容性，并最终实现社会整体福利最大化。征信机构具有侵害信息主体隐私的动机和激励。为满足信用市场多样化产品需求，征信机构通常会有意扩大信息采集范围，通过征信信息的综合利用来降低金融主体面临的信息不对称风险，有利于信用市场规模扩张，对经济发展具有积极影响。但与此同时，如果无法律监管，那么征信市场将像"柠檬市场"一样趋于萎缩甚至消失，适度的法律监管有助于平衡矛盾、保障征信市场的健康发展，而过度的法律监管则会使征信市场发展停滞不前；因此无论是无法律监管还是过度法律监管都将因征信市场发展停滞而导致社会总体福利损失。以下在王志鹏（2017）模型基础上进行修订，分析个人征信法律监管的最优力度。

假设作为被采集者的信息主体同时也是征信产品的消费者，征信机构则为征信信息的采集者与征信产品的供给者。对消费者的行为假设：①征信机构从信息主体采集的信用信息量为 i，可以转化出 ai 的征信服务量，其中 $a > 0$，表示两者之间存在正相关关系。②用 $\gamma(x)$ 表示隐私泄露给信息主体带来的效用损失系数，其中 $0 < \gamma(x) < 1$，x 越大（法律对信息主体隐私保护力度越强），$\gamma(x)$ 效用损失系数越低且边际量递减，即 $\gamma'(x) < 0, \gamma''(x) < 0$。③用 $\beta(x)$ 表示征信机构因法律监管所产生的成本系数，$\beta'(x) > 0$，$\beta''(x) > 0$，表示法律保护力度越强，征信机构提供征信服务的成本越高，且边际量递增。

征信服务消费者的效用函数可表示为：

$$\mu(i,x) = s - \gamma(x)i \tag{6-1}$$

征信机构的效用函数可表示为：

$$s(i,x) = ai(1 - \beta(x)) \tag{6-2}$$

则法律监管下社会总效用可用两者之和表示，其函数表达式为：

$$U(i,x) = \lambda\left[s - \gamma(x)i\right] + (1-\lambda)\left[ai(1-\beta(x))\right] \tag{6-3}$$

其中，λ（$0 < \lambda < 1$）为高位阶法律对消费者权益保护的重视程度，λ 值越大，表示高位阶法律越重视隐私保护的公平价值。

最优法律监管力度 x^* 要求：

$$\frac{dU}{dx} = \lambda\frac{d\mu}{dx} + (1-\lambda)\frac{ds}{dx} = 0 \tag{6-4}$$

$$\frac{\beta'(x*)}{\gamma'(x*)} = \frac{-\lambda}{\alpha} \tag{6-5}$$

式（6-4）表明由法律监管力度的增加导致的征信机构效用损失和征信服务消费者的效用增加在各自加权福利权重 λ 后相等，此时整个社会达到总效用最大化。随着法律监管力度的增加，对征信服务消费者来说会产生两种效应：一种为由于法律监管导致的隐私受损减少（意味着效用水平的增加），另一种为由于法律监管导致的消费者可消费的征信服务信息量减少（意味着效用水平的减少），消费者总效用的增减取决于 $\gamma'(x)$ 和 $\beta'(x)$ 随 x 的变化关系。对于征信机构来说，随着法律监管力度的增加，整体效用水平呈现递减趋势。

式（6-5）表明在法律监管下社会总效用最大化的最优监管力度 x^* 受两方面因素影响：①高位阶法律对消费者权益保护的重视程度 λ ；②信息量向征信服务量的转化率 a 。$\beta'(x)$ 可理解为法律监管力度增加 1 单位所带来的征信机构成本系数的增量，$\gamma'(x)$ 可理解为法律监管力度增加 1 单位所带来的消费者隐私保护成本系数的减少量；两者比值随 x 的增减变化能够说明法律监管的征信机构成本效应与消费者隐私保护效应的变换关系。由此可知：

（1）如果 $\left[\dfrac{\beta'(x)}{\gamma'(x)}\right]' = \dfrac{\beta''(x)\gamma'(x) - \gamma''\beta'(x)}{\left[\gamma'(x)\right]^2} < 0$ ，表明法律监管产生的征信机构成本效应低于消费者隐私保护效应，随着高位阶法律对消费者权益保护程度 λ 的增加，最优法律监管力度 x^* 将逐渐增强。

（2）如果 $\left[\dfrac{\beta'(x)}{\gamma'(x)}\right]' = \dfrac{\beta''(x)\gamma'(x) - \gamma''\beta'(x)}{\left[\gamma'(x)\right]^2} > 0$ ，表明法律监管产生的征信机构成本效应高于消费者隐私保护效应，随着高位阶法律对消费者权益保护程度 λ 的增加，最优法律监管力度 x^* 将逐渐减弱。

综上分析可知以下两个问题：①在个人征信法律监管初期阶段，高位阶法律监管的适度增加会使消费者隐私保护效应大于征信机构成本效应，从而使法律监管总效应提升；②当高位阶法律监管增加到一定程度，会使消费者隐私保护效应小于征信机构成本效应，从而使法律监管总效应下降。因此，个人征信监管法律应合理安排隐私权与征信权的价值位阶，在明确的价值位阶指引下确立个人征信监管原则、把握法律监管的力度，以平衡个人征信市场发展与消费者隐私保护之间的矛盾并最终达到个人征信法律监管社会总效应最大化。

二、个人征信监管体系

（一）个人征信的行政和司法监管

个人征信的法律原则监管通常具有高度概括性和指导性，但在适应性、灵活性、具体性方面有所不足，并且法律原则监管具有明显的滞后性和不完备性。当法律原则不能有效约束并制止违法行为的产生时，行政监管的作用就显得尤为重要。行政规则监管赋予监管者主动开展调查和进行行政处罚的权利，可以根据面临的现实问题及时进行干预和引导，具有良好的适应性、灵活性和可操作性，是个人征信法律原则监管的重要补充。因此，个人征信监管权在法律监管与行政监管间的合理配置对提高监管效能具有重要意义。行政监管效能的提升需要从两个方面着重考虑：①征信机构与行政监管部门之间博弈如何形成良性互动；②如何改善行政监管部门的监管效能。以下将从两个方面分别进行分析。

行政监管者与被监管者（个人征信机构）之间往往存在信息不对称情况，个人征信机构通常具有隐匿违法信息的机会主义倾向。假设个人征信机构因隐私侵害被查处的概率为 p，该隐私侵害行为能够为其带来 R 的收益，带来可能遭查处的罚没损失为 F，则个人征信机构的预期收益为 $E(R)=(1-p)R-pF$，预期收益取决于侵害收益 R、被查处概率 p 和罚没损失 F，而后两者取决于行政监管者的尽职程度 e 和罚没力度 F；且易知行政监管者尽职程度越高，征信机构隐私侵权被查处的概率越大。

进一步假设个人征信机构执行守法和违法两种策略，行政监管者执行尽职和渎职两种策略。如表6-6所示。假设 C 为征信监管机构的尽职成本，同时假设行政监管机构罚没收入与征信机构被罚没的损失均为 F，且 $C<F$。

表6-6　征信机构与监管机构的博弈矩阵

		个人征信机构	
		违法（B）	守法（O）
监管机构	尽职（D）	$-C+F, R-F$	$-C, 0$
	渎职（N）	$0, R$	$0, 0$

假设行政监管机构尽职的概率同样为 p，渎职概率则为 $1-p$；征信机构违法的概率为 q，守法概率为 $1-q$；如果给定 q，那么监管机构选择尽职和渎职的期望收益分别为：

$$\pi_D = (-C+F)q + (-C)(1-q) \tag{6-6}$$

$$\pi_N = 0 \times q + 0 \times (1-q) = 0 \tag{6-7}$$

当尽职与渎职的期望收益相等时达到均衡，求解可得 $q^* = C/F$。如果征信机构选择违法的概率大于 C/F，则监管机构的最优策略选择为尽职；反之，监管机构最优策略选择为渎职。

如果给定 p，那么征信机构选择违法和守法的期望收益分别为：

$$\pi_B = (R-F)p + R(1-p) \tag{6-8}$$

$$\pi_O = -Cp + 0(1-p) = -Cp \qquad (6\text{--}9)$$

当尽职与渎职的期望收益相等时达到均衡，求解可得 $p* = R/(F-C)$。如果征信监管机构选择尽职策略的概率小于 $R/(F-C)$，那么征信机构的最优策略选择为违法；如果征信监管机构选择尽职策略的概率大于 $R/(F-C)$，那么征信机构的最优策略选择为守法。

因此，该博弈分析的混合策略纳什均衡解为：$p* = R/(F-C)$，$q^* = C/F$。结果表明：随着隐私侵犯罚没力度 F 的加大，均衡状态下的监管者尽职概率与征信机构隐私侵权违法概率都将下降，说明加大罚没力度在一定程度上能够减少征信机构隐私侵犯行为并减少监管机构监管成本支出；如果隐私侵权所带来的收益 R 较大，那么行政监管者将提升自身监督力度；如果行政监管执行成本 C 较高，那么征信机构将提升自身违法侵权的概率，而行政监管者将提升自身监督力度以应对征信机构隐私侵权行为的增加。由以上分析可知，在进行法律监管与行政监管的权利分配时，应注重行政监管制度的建设，良好的行政监管制度是法律监管的有益补充，但行政监管制度的不合理，也将导致双方共谋、监管虚设等问题。

另外，在个人征信监管尚处于缺位状态时，行政监管力度的逐渐增加将带来个人征信市场效应的快速改善，行政监管边际收益较高；但随着监管力度的持续增加，行政监管的边际收益在下降而边际成本在上升，当边际成本等于边际收益时达到行政监管总收益最大化。由此可以看出，行政监管应重视成本和收益的考量，通过合理的权利赋予和政策激励，将监管部门利益与行政监管的社会效益相关联，防止部门利益与社会利益偏离而导致行政监管部门行为失序；另外，应通过提升监管人员素质、改善部门内部结构、多样化监管信息收取渠道等提升行政监管部门的投入产出比，提高个人征信监管的执行效率。

（二）个人征信的行业自律监管

无论是法律原则监管还是行政规则监管都是"外源性"治理，其在发挥治理作用的同时往往会带来较大的治理成本。重视"交易"在治理中的作用是新制度经济学最重要的思想启发。由于法律原则监管难以实现完备性，并且行政监管机构通常会追求部门利益最大而采取较为低效的监管措施，导致一些非正式交易通常难以在法律监管与行政监管下实现；因此，基于长远利益考量的交易主体具有通过信誉机制及失信的行业惩戒机制自觉约束自身行为的激励，这就是个人征信行业自律监管得以发挥作用的机制逻辑，个人征信行业自律监管也成为法律原则监管和行政规则监管的重要补充。

征信机构间长期有效的行为博弈最终会导致个人征信行业自律监管机制的建立，征信机构各方会依据自身信息优势和利益最大化为目标采取相应博弈策略。假定各征信机构处于不完美信息中，博弈各方主体基于不完美信息博弈先后做出决策，并且博弈主体均无法提前知晓对方选择的具体博弈行动，只能通过已知的博弈策略确定对方采取各种博弈行为的可能性。假设博弈主体分别为征信机构A与征信机构B，双方可采取的策略行为均为"守约""违约"；如果双方同时守约，那么双方均能获得收益I；如果一方守约而另一方违约，那么守约方损失M、违约方收益N；如果双方均违约，那么双方收益均为0；另要求N > I，I + M > N。假设征信机构A认为B守约的概率为P、违约的概率为1-P，那么双方基于不完美信息的博弈分析如表6-7所示。

表6-7　不完美信息下征信机构间博弈矩阵

		征信机构 B	
		守约	违约
征信机构 A	守约	I,I	$-M,N$
	违约	$N,-M$	0,0

由博弈矩阵可知，征信机构B守约的期望收益为：

$$\pi_{B1} = IP + (-M)(1-P) = (I+M)P - M \qquad (6-10)$$

征信机构B违约的期望收益为：

$$\pi_{B2} = NP + 0 \times (1-P) = NP \qquad (6-11)$$

如果征信机构B守约的期望收益等于违约的期望收益，那么：

$$(I+M)P - M = NP \qquad (6-12)$$

由I + M > N可得：

$$P = \frac{M}{I+M-N} \qquad (6-13)$$

由博弈均衡结果可以看出，如果$P > \dfrac{M}{I+M-N}$，那么征信机构B选择守约；如果$P < \dfrac{M}{I+M-N}$，那么征信机构B选择违约。如果征信机构B认为征信机构A守约的概率P越大，则征信机构B越倾向于守约以达成互惠交易，因此基于行业内的相互了解于互信能够更为高效达成交易。如果通过行业自律监管体制，能够让守约方得到更多利益补偿、让违约方支付更多利益成本，并且在远期内通过声

誊机制对守约方持续赋能、对违约方持续惩戒，那么将逐步提升行业内各征信主体执行守约承诺的激励，整个行业的信息透明度也会提升，最终会改善全行业的交易效率，从而促进征信市场的自我纠偏与快速发展。

另外，产权明晰下的征信机构与信息主体间的权利交换机制是个人征信行业自律监管的重要内容。新制度经济学认为权利的初始配置在交易成本为零条件下总能通过交易实现资源的最优配置，问题的关键在于如何合理且明晰配置征信机构与信息主体间的权利，及如何降低征信机构与信息主体间的交易成本。当征信机构提供征信产品所带来的社会经济效益大于隐私侵犯导致的信息主体所受损失时，如果权利界定清晰，征信机构与受侵害信息主体间就可通过契约交易对受损方进行补偿的方式来达成交易，最终实现社会总体福利水平的提升。契约交易后个人征信机构与受侵害消费者的效用水平都得到了提升，同时全社会征信产品供给量也实现增长，征信市场规模得以扩张。对于征信机构而言，应继续扩大信息采集量和征信产品供给量，即征信机构扩大征信产品供给的边际效用等于由此产生的对侵犯消费者隐私所给予的边际补偿，此时征信机构达到效用最大化，整个社会总效用也达到最大化。在交易费用为零的条件下如此，但即便在交易费用不为零（但较小）条件下，征信机构与信息主体通过契约交易实现双方效用水平提升的现实意义依然存在。因此，在行业自律监管体系下，通过明晰个人征信机构与信息主体间的权利配置，并通过高效运行的行业协会、信息交易平台和行业仲裁机构等降低个人征信机构与信息主体间的交易成本，以实现契约交易的高效达成，最终建立高水平的行业自律监管体制。

第三节　个人征信监管机制对征信市场影响的实证研究

个人信息征集不管对征信市场还是信用市场都非常关键。信息征集范围的规定有其内在矛盾：如果过分强调隐私保护，那么会导致征信市场发展迟缓；如果过度放松信息征集范围，那么将导致个人权益受损。同时，因被征集人缺乏或无法避免自身信息被征集的能力，也缺乏发现自身隐私暴露能力，即便具有上述两种能力，但维护自身权益的成本也通常远高于维权收益，导致个人不能有效参与信息征集的"攻守博弈"之中，此时个人征信监管机制就显得尤为重要。随着我国互联网经济的快速发展，各类隐私保护相关矛盾问题也随之出现。为了从根本上维护个人的权益促进我国个人征信市场的健康发展，我国个人征信监管体系在摸索中逐步建立，但其实际效果有待检验。

一、研究假设

　　数字经济的快速发展给征信领域注入了新的动能，互联网和大数据等新技术广泛应用到征信领域，征信业态呈现出了与传统业态差异化的情况，隐私数据被大量的其他数据代替，征信服务与其他的信息服务相互交叉融合，边界区域模糊。新事物充斥着征信行业对传统的征信监管构成挑战，例如，基于互联网平台的"助贷"事项涉及的征信业务就是《征信业管理条例》没能涉猎的领域。法律法规滞后于现实实践的现状是当前亟待解决的重要问题。面对数字时代的新型征信实践，立法机构应加快立法进程，赋予监管部门适应新发展征信行为的监管权力，使征信监管与征信实践同步进行，实现动态平衡，进一步完善征信法律制度体系可以促进征信市场发展。

　　因此提出假设1：

　　假设1：良好的征信法律制度体系促进征信市场发展。

　　为了降低信贷活动中的信息不对称、实现信息共享征信体系应运而生，文章前面部分已经从理论和实践两个层面对两者之间的正向促进关系做了论证。在信贷市场和征信市场中，信用产品质量主要依赖信用信息包含的有效数据，信用信息的有效性又由信用信息的完整性决定。据现实证据证实，中国信用信息数据大部分由政府部门掌握，例如，银行、税务、工商、海关、公安等政府部门，这些部门依照行业规定对内部的信息数据严格保密，信用服务机构或企业无权从政府部门获取信息资料，从而无法向市场、社会提供信息产品，例如，信用调查、评级和评价报告等信用产品，致使信用信息产品的供给无法满足市场需求，资源无法向市场配置，信用市场开发不充分。此外，由于各商业银行的信用评级标准并不统一，使个体的信用评定结果不同金融机构间并不可比，因此，统一的监管评价体系对于信用产品的横向、纵向可比使用至关重要，有助于提高监管的效率和质量。成熟国家经验表明，多层次的征信体系建设是征信市场效率提升的关键行为，多层次征信体系建设可以增加信用产品供给的竞争性和可选择性。信用评级标准统一、监管到位和多层次征信体系建设可以促进征信市场的不断成熟，因此提出假设2。

　　假设2：协调的征信监管体系促进信贷发展和征信市场发展。

二、研究设计

（一）模型设定及变量选择

　　本次构建贷款金额影响研究模型，其访问对象为金融机构的贷款用户，因此研究模型采用多元线性模型如图 6-1 所示。其模型方程式为：

$$y = \beta_0 + \beta_1 x_1 + \beta_2 x_2 + \cdots + \beta_i x_i + E \qquad (6-14)$$

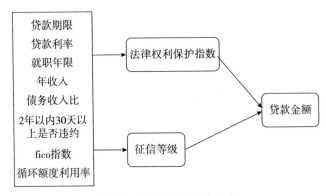

图 6-1 贷款金额影响因素

（1）贷款金额。被解释变量，通过考察其他相关变量对贷款金额的影响，检验个人征信监管对征信发展的影响。

（2）征信等级。个人的征信等级是银行和其他金融机构在信贷业务中最为关注的指标之一。它能够反映出个人的信用状况、还款能力和信用风险等方面的信息，对于银行和其他金融机构来说具有很大的参考价值。银行和其他金融机构通常会根据个人的征信等级来决定是否给予贷款、贷款额度以及贷款利率等方面的决策。因此，个人的征信等级是代表征信监管协调性的一个重要指标。

（3）法律保护权利指数。指标由信贷人的权利保护指数来衡量，指标含义是担保法和破产法保护借贷人和贷款人的合法权利从而促使其开展贷款业务的程度大小。总分越高说明担保法和破产法在提高贷款能力的作用越强。

表 6-8 法律权利保护指标

变量名称	变量代码	变量定义
贷款金额	loan	贷款的金额
征信等级	CR	1 表示 C 级，2 表示 B 级，3 表示 A 级别，数值越大级别越高
法律保护权力指数	SL	是否对动产登记进行收费等 10 项内容
贷款期限	term	贷款的时间
贷款利率	Int_rate	银行等金融机构发放贷款时向借款人收取利息的利率
就职年限	Year	上班时间
年收入	Income	年收入
债务收入比	Dtir	债务／年度收入

续表

变量名称	变量代码	变量定义
2年以内30天以上是否违约次数	Break	2年以内30天以上是否违约次数
fico指数	fico	信用评级
循环额度利用率	revol_util	可以来回使用的额度的占比率

个人的征信等级也是公开可见的指标之一，可以通过征信机构或者向银行和其他金融机构查询得到。这意味着个人的征信等级是比较容易获取和统计的。同时，个人的征信等级也具有一定的稳定性，不同时间点的个人征信等级之间有较高的相关性，因此可以通过长期的数据收集和分析来观察征信监管层次（协调性）对信贷市场的影响。

综上所述，选取个人的征信等级作为代表征信监管层次的变量是非常合理的。由征信监管机构给予个人的征信等级来表示，其中，A级是综合得分在70分以上，在贷款等金融业务上较为诚信；B级是综合得分在50分以上，在贷款等金融业务上较为守信用；C级是还款意愿很差、经常有逾期等违约行为，甚至直接被列为黑名单。

（4）控制变量。选取贷款期限、贷款利率、就职年限、年收入、债务收入比、2年以内30天以上是否违约、fico指数和循环额度利用率作为控制变量。

（二）数据统计及描述

本次调查数据合计48222条，其中，贷款金额最小值是750元，最大值是40000元，均值为13926.577，标准差是8306.641，说明样本数据内部之间的贷款金额差异较大。征信等级的均值为2.021，说明整体征信水平较高。法律保护权力指数的均值为5.111，整体表现较为一般。贷款期限的均值是3.474，说明大部分的贷款时间较短，贷款利率中最小值是5.310，最大是27.490，均值是13.078，说明贷款利率内部之间的差异较大。就职年限的均值是6.002，最大值是10，说明大部分人的就职年限较长，有稳定的工作。年收入最小值是3400，最大值是312000，均值是71829.404，说明受访者总体呈现较为明显的贫富差距。债务收入比的均值是18.039，说明样本中大部分贷款金额较少。2年以内30天以上是否违约的均值是0.250，最大值是3，说明总体违约水平较低。fico指数中最小值是660，最大值是790，均值是695.141，说明样本信用评级内部差距较大。循环额度利用率的均值是52.704，说明大部分循环贷款的额度已被贷款人使用（见表6-9）。

表 6-9 基础指标描述性统计分析

名称	样本量	最小值	最大值	平均值	标准差	中位数
贷款金额（y）	48222	750.000	40000.000	13926.577	8306.641	12000.000
征信等级	48222	1.000	3.000	2.021	0.813	2.000
法律保护权力指数	48222	0.000	10.000	5.111	3.267	5.000
贷款期限	48222	3.000	5.000	3.474	0.850	3.000
贷款利率	48222	5.310	27.490	13.078	4.456	12.730
就职年限	48222	1.000	10.000	6.002	3.453	6.000
年收入	48222	3400.000	312000.000	71829.404	38951.583	63000.000
债务收入比	48222	0.000	47.430	18.039	8.301	17.530
2 年以内 30 天以上是否违约	48222	0.000	3.000	0.250	0.590	0.000
fico 指数	48222	660.000	790.000	695.141	29.201	690.000
循环额度利用率	48222	0.000	123.000	52.704	23.972	53.000

从变量间 Pearson 相关系数来看，贷款金额（y）与征信等级、法律保护权力指数、贷款期限、贷款利率、就职年限、年收入、债务收入比、fico 指数、循环额度利用率之间均呈现出显著的正相关关系。而贷款金额（y）与 2 年以内 30 天以上是否违约之间的相关系数值接近于 0，说明贷款金额（y）与 2 年以内 30 天以上是否违约之间并没有呈现出显著的相关关系（见表 6-10）。

表 6-10 Pearson 相关性分析

	1	2	3	4	5	6	7	8	9	10	11
loan	1										
CR	0.155**	1									
L	0.160**	0.086**	1								
term	0.404**	0.045**	0.046**	1							
Int_rate	0.121**	−0.003	0.012*	0.409**	1						
Year	0.095**	0.015**	0.018**	0.059**	−0.001	1					
Income	0.469**	0.085**	0.086**	0.106**	−0.123**	0.097**	1				
Dtir	0.030**	−0.007	−0.001	0.071**	0.189**	0.037**	−0.221**	1			
Break	0.006	0	0.008	−0.009	0.047**	0.028**	0.070**	−0.007	1		
fico	0.108**	0.025**	0.016**	0.010*	−0.407**	0.012**	0.104**	−0.074**	−0.191**	1	
revol_util	0.119**	0.012**	0.013**	0.068**	0.247**	0.039**	0.064**	0.182**	−0.022**	−0.440**	1

在做回归之前，我们先做了共线性检验，共线性检验是统计学中一种用来检验两个或者多个自变量之间相关性的方法。它是在回归分析中，对于多重共线性问题的一种检验方法。VIF值越接近于1，多重共线性越轻，反之越重。当多重共线性严重时，应采取适当的方法进行调整。容忍度的值界于0~1，当容忍度值较小时，表示此自变量与其他自变量之间存在共线性。容忍度这个变量回归系数的估计值不够稳定，则回归系数的计算值也会有很大误差。方差膨胀系数是容忍度的倒数，VIF值越大，说明自变量的容忍度越小，共线性问题越严重。通常以10作为判断边界。当VIF<10时，不存在多重共线性；当10≤VIF<100时，存在较强的多重共线性；当VIF≥100时，存在严重的多重共线性。针对模型的多重共线性进行检验发现，3个模型中VIF值全部均小于5，说明模型不存在着共线性问题（见表6-11）。

表6-11　VIF共线性检验

	模型1	模型2	模型3
贷款期限	1.297	1.298	1.298
贷款利率	1.575	1.575	1.575
就职年限	1.017	1.017	1.017
年收入	1.145	1.152	1.153
债务收入比	1.126	1.126	1.126
2年以内30天以上是否违约	1.067	1.067	1.067
fico指数	1.571	1.572	1.571
循环额度利用率	1.343	1.343	1.343
征信等级		1.009	
法律保护权力指数			1.009

（三）回归结果及分析

在模型1中考察控制变量对解释变量的影响，模型R^2值为0.372，可以解释贷款金额（y）的37.2%变化原因。贷款期限、贷款利率、就职年限、年收入、债务收入比、fico指数、循环额度利用率会对贷款金额（y）产生显著的正向影响，但2年以内30天以上是否违约并不会对贷款金额（y）产生影响（见表6-12）。

表 6-12　回归分析及结果

	模型 1	模型 2	模型 3
常数	−34918.463** （−36.939）	−36289.196** （−38.644）	−35597.351** （−37.969）
贷款期限	3100.806** （−77.253）	3065.457** （−76.945）	3070.060** （−77.117）
贷款利率	110.728** （−13.116）	111.418** （−13.303）	108.432** （−12.954）
就职年限	60.390** （−6.898）	59.503** （−6.851）	58.629** （−6.754）
年收入	0.094** （−113.695）	0.092** （−112.243）	0.092** （−112.047）
债务收入比	84.613** （−22.084）	83.863** （−22.063）	83.308** （−21.929）
2 年以内 30 天以上是否违约	43.243 （−0.824）	43.98 （−0.845）	35.245 （−0.678）
fico 指数	37.746** （−29.334）	37.141** （−29.092）	37.245** （−29.191）
循环额度利用率	33.411** （−23.053）	32.948** （−22.914）	33.132** （−23.057）
征信等级		1023.454** （−27.857）	
法律保护权力指数			263.730** （−28.856）
R^2	0.372	0.382	0.383
调整后的 R^2	0.372	0.382	0.383
F 值	3572.169（0.000）	3312.525（0.000）	3322.555（0.000）

注：因变量为贷款金额；* 表示 $p<0.05$、** 表示 $p<0.01$ 括号内为 t 值。

在模型 2 中，将征信等级作为自变量。模型方程为：贷款金额（y）=−36289.196+3065.457* 贷款期限 + 111.418* 贷款利率 + 59.503* 就职年限 + 0.092* 年收入 + 83.863* 债务收入比 + 43.98*2 年以内 30 天以上是否违约 + 37.141*fico 指数 + 32.948* 循环额度利用率 + 1023.454* 征信等级。模型 R^2 值为 0.382，意味着贷款期限、贷款利率、就职年限、年收入、债务收入比、2 年以内 30 天以上是否违约、

fico指数、循环额度利用率、征信等级可以解释贷款金额（y）的38.2%变化原因。其中，征信等级的回归系数值为1023.454（t=27.857，p=0.000<0.01），意味着征信等级会对贷款金额（y）产生显著的正向影响。

在模型3中，将法律保护权力指数作为自变量。模型方程为：贷款金额（y）= –35597.351 + 3070.060* 贷款期限 + 108.432* 贷款利率 + 58.629* 就职年限 + 0.092* 年收入 + 83.308* 债务收入比 + 35.245*2 年以内 30 天以上是否违约 + 37.245*fico指数 + 33.132* 循环额度利用率 + 263.730* 法律保护权力指数，模型 R^2 值为 0.383，意味着自变量及控制变量可以解释贷款金额（y）的 38.3% 变化原因。法律保护权力指数的回归系数值为 263.730（t=28.856，p=0.000<0.01），意味着法律保护权力指数会对贷款金额（y）产生显著的正向影响。因此，在个人征信监管体系中，良好的征信法律体系能够促进借贷发展，进而促进征信发展。

（四）稳健性检验

为保证结论的可靠性，选择信用额度指标来代替贷款金额，对模型进行稳健性检验。检验结果如表 6–13 所示。结果表明，主要变量的符号和显著性水平并未发生明显变化，因此主要结论可认为是稳健的。

表 6–13　稳健性检验

变量	模型 1	模型 2	模型 3
常数	39.726** （–28.131）	39.419** （–27.88）	39.466** （–27.954）
贷款期限	1.644** （–27.423）	1.636** –27.282	1.633** （–27.232）
贷款利率	–0.316** （–25.034）	–0.316** （–25.026）	–0.317** （–25.116）
就职年限	0.195** （–14.878）	0.194** （–14.865）	0.194** （–14.834）
年收入	0.000** （–79.929）	0.000** （–79.42）	0.000** （–79.148）
债务收入比	0.459** （–80.139）	0.459** （–80.122）	0.458** （–80.09）
2 年以内 30 天以上是否违约	1.155** （–14.732）	1.155** （–14.737）	1.152** （–14.701）

变量	模型 1	模型 2	模型 3
fico 指数	−0.042** （−21.628）	−0.042** （−21.699）	−0.042** （−21.738）
循环额度利用率	−0.097** （−44.767）	−0.097** （−44.820）	−0.097** （−44.840）
征信等级		0.229** （−4.146）	
法律保护权力指数			0.101** （−7.334）
R^2	0.224	0.225	0.225
调整后的 R^2	0.224	0.224	0.225
F 值	1742.067（0.000）	1550.933（0.000）	1556.175（0.000）

注：因变量为信用额度；* 表示 $p<0.05$，** 表示 $p<0.01$，括号内为 t 值。

（五）研究结论

通过上表的实证分析，可以知道征信等级和法律权利保护对信贷规模有显著的促进作用。法律权利保护可以降低借贷人和放款人的信贷风险。首先，在信贷市场中，借贷人和放款人之间存在着信息不对称和道德风险等问题，这些问题可能导致信贷风险的出现。而法律权利保护可以规范信贷市场行为，保护借贷人和放款人的合法权益，降低信贷风险，从而促进征信发展。其次，法律权利保护可以提高信贷市场的透明度。信贷市场的透明度是保障市场公平竞争和良好信用的重要因素。法律权利保护可以要求金融机构和相关行业机构公开其信贷信息，从而提高信贷市场的透明度，让借贷人和放款人能够更加清晰地了解市场情况，从而更加有效地管理信贷风险。最后，法律权利保护可以提高信贷市场的稳定性。信贷市场的稳定性对于经济发展和金融市场稳定具有重要意义。法律权利保护可以规范市场行为，防止市场出现不正当竞争和恶意透支等行为，从而保障市场的稳定性，促进信贷市场的健康发展。

征信监管的协调性构建可以促进金融机构对客户信用风险的准确评估。金融机构在决定是否给予贷款时，需要对借贷人的信用状况进行评估。首先，如果借贷人的信用状况不好，那么金融机构就可能会拒绝贷款申请。而征信系统可以记录借贷人的信用历史，包括还款记录、逾期情况等，这些信息可以帮助金融机构更加准确地评估借贷人的信用风险，从而更好地管理信贷风险。其次，协调的征信监管可以促进金融机构对信贷市场的监管。征信系统可以对借贷人的信用状况进行监测，并且可以帮助金融机构及时发现信贷风险。征信监管层次可以通过对征信系统的监管，对金融机构的信贷业务进行监管，从而保证信贷市场的健康发展。最后，协调的征信监管可以促进金融机构的创新发展。征信系统可以通过大数据和人工智能技术，对借贷人的信用状况进行分析和预测，从而为金融机构提供更加准确的风险评估。协调的征信监管可以促进征信系统的创新发展，为金融机构提供更加先进的信贷风险管理工具，促进金融机构的创新发展。总之，协调的征信监管，可以促进金融机构对客户信用风险的准确评估，促进征信市场的发展，促进金融机构的创新，从而激发征信市场活力，保障金融市场的健康发展。

第七章 完善我国个人征信监管机制的路径

通过对征信理论的回顾和对欧美征信发达并具有典型意义国家的个人征信监管机制的分析与考量，综合我国个人征信机制研究以及实证研究，本章将进一步分析欧美国家为我国个人征信监管带来的启示，以探查个人征信监管的一般规律，进而对完善我国个人征信机制作出有益的思考。

第一节 国际经验启示

如前文所述，美国和欧盟的个人征信发展历史较为悠久，且在个人征信监管方面做出了诸多先行探索和尝试，也对世界上绝大多数国家的征信体系形成了实质影响。但无论是美国的个人征信监管机制，还是欧盟的个人征信监管机制，都和本国的经济发展情况、历史传统和文化背景密切相关。随着风险评估行业的繁荣，征信公司在全球也都有了较大的发展，全球贸易的频繁往来，使征信活动也在由本国（本地区）向域外发展。征信在经济全球化过程中也潜在地发挥着作用，信用共享使人们可以自如地与地球上其他地方的人进行贸易。一方面，信息技术的发展也使采集、保存、处理上亿量级的信用信息成为可能；另一方面，如果信息的采集、保存、处理存在不当，那么极容易导致征信功能失灵，进而带来全球化的负面效应。接下来我们进一步分析欧美个人征信监管机制带来的启示。

一、信息共享与个人权利保护的权衡所带来的启示

根据公平与效率理论，美国和欧盟在权衡信息共享与个人权利保护（尤其是

隐私权利）方面进行了不同的个人征信监管机制设定。两个国家（地区）采用了不同的立法和监管方案，这自然和各国的国情密切相关，但也为其他国家征信监管制度提出了示范性方案，从整体上来讲，两个国家的信息共享与个人权利保护都从不同角度实现了平衡。

美国征信监管机制选择了一种以让渡信息主体部分自由的形式以利于美国征信市场整体发展，市场化征信体系强调了对消费者的评价以及对相关信用产品的规范化使用。美国是普通法系国家，其征信立法是应对市场发展而逐步建立的"反应式"立法，主要目标在于规范征信市场发展的同时保护消费者个人权利。美国在统一的征信立法基础上，辅以行业立法和针对消费者进行保护的立法，进而形成了美国个人征信的多头监管的形式。

"二战"期间德国构建的极端形态契约式政府严重威胁到个人自由，引起公民对于政府权力不信任，这也成为欧洲严格保护公民隐私不被侵犯的历史渊源。契约式政府的成立有两个根本点：一是公民对国家的信任，二是要以法律规范约束，两者共同发挥作用构成平衡的公民与政府的契约关系。重建公民对国家的信任，要加强立法保护，制约政府权力，对个人权利进行严格保护；此外还要在立法中加强诚信价值观等伦理道德培养，对公民进行有效引导。对个人数据的保护就是防止政府行为可能对个人数据权益造成伤害，侵犯个人隐私权而构建的一种价值层面的保护形式。因此，欧盟的征信立法和监管更重视的是个人权利保护。

两种平衡方式对于世界各国都有借鉴意义，各国应根据本国实际情况，采取适合的征信监管机制。对于我国来讲，我国个人征信监管机制仍然存在理论和实践上的争论。目前我国采取欧盟立法中对于个人信息保护的严格立法形式，出台了《中华人民共和国个人信息保护法》，根据立法情况变化，我国征信核心法律作出了一定调整，但实践中个人征信立法和监管如何处理公、私法等法律之间的协调配合与权利保护和社会发展之间的协调等实际难题。

二、个人征信立法相关启示

（一）有关个人征信立法形式和层次

纵观美国和欧盟征信相关立法，美国的征信立法中有联邦层面的征信核心监管法律《公平信用报告法》，并围绕该法构建起了丰富的立法体系。欧盟征信立法以个人数据保护为起点，颁布统一的《通用数据保护条例》作为强制各成员国必须遵守的统一立法，提升了原有的"95指令"的立法层次，实现了欧盟成员国内的征信立法一致，构建了良好的数据（信息）保护生态。从各国立法情况来看，必须要有强有力、效力高的立法才能保障法律规范作用的发挥，因此，美国和欧盟等征信发达国家都建立了在本国（地区）法律中效力等级高、约束能力强的法律。

我国个人征信的核心法律有《征信业管理条例》等行政法规和部门规章，也有《中华人民共和国个人信息保护法》《中华人民共和国民法典》《中华人民共和国诉讼法》等关联法律体系，这说明我国采用了统一的征信立法形式，同时辅以消费者保护和征信业务相关部门法律保护的体系。这一点与美国的立法相似。但从我国征信业监管的实际情况来看，目前我国采用的是一种对于个人信息保护的欧盟的事先预防方式的立法思路。由于《中华人民共和国个人信息保护法》并不是专门针对征信业的保护立法，且我们有相关征信监管法律，因此，我国在个人征信立法思路上应当更多地考虑如何在保障个人信息权益的基础上实现征信业的健康发展、推动社会信用体系建设的目标，就更需要在个人征信立法层次提升和法律协调上多做考虑。

（二）信息主体的知情权和同意权

通常而言，信息主体（被征信人）只会与信息提供者（贷款机构）打交道，一般不会与征信机构直接交流。在此阶段，信息提供者应将征信相关情况告知信息主体，该告知应为信息主体提供一种可按照某种形式表达对征信行为或者内容表达赞成与否的可能性，其内容还应包括哪些类型的信息被传递给了另外哪一方，以及接收信息的各方主体使用该信息的目的。此外，该类告知还应包含一些解释性的内容，如信息主体拥有哪些权利（例如，获取信息的权利或更正信息的权利），如何联系特定的征信机构等。在相对比较合理有效的法律体系中，信息主体有被告知的权利，且应当根据个人意愿表示是否同意，进而体现征信行为的合法性。同时，征信主体在实践中还有很多权利是关联的，一项权利往往是另一项权利的前提，如信息共享的知情权会随之带来信息获取的权利、提出异议的权利以及更正信息的权利。

不可否认的是，欧盟的 GDPR 建立了一整套针对数据主体权利的体系，我们已经在第四章做了充分分析。在这个体系中，欧盟将数据主体对于数据的自主决定权和控制权发挥得淋漓尽致。但对比欧盟与美国的体系，我们也发现了欧盟在执行 GDPR 中面临的一些困境，如严格的个人信息保护造成了一定的负面效应，导致企业尤其是中小企业面临数据合规带来的额外运营成本而不得不停止在欧洲的运营，导致出现监管适得其反的效果。根据适度监管理论，监管应当在适度和合理化的框架内进行。因此我国的个人征信监管法律制度构建应综合进行权衡。

（三）应当建立一个统一的集中化的通告系统

如果某个国家在个人征信领域出现竞争情况，那么一般会有几个征信机构分别采集一个信息主体的情况，监管机构应对此加强重视。如果出现信息错误、异议或信息主体身份被盗用等情况，那么信息主体（被征信人）将不得不面临向每个征信机构去提出异议并进行申诉的不利局面，对信息主体而言要付出额外的成本，对征信不发达国家的人们则更加困难。因此，对于监管机构而言，应当保证有一个集中化的通告系统，用以集中处理信息主体可能进行申诉的问题。在这个系统中，首先应当保证征信各方主体的有效接入，其次通过这个系统，征信机构可以进行系统内信息通告，涉及到已更正的错误信息或者标记被征信人身份被盗用的情况，由此降低征信主体的更正成本和征信机构的通告成本，提升征信市场的整体效率。

三、个人征信监管体系相关启示

（一）充分认识个人征信监管是对征信各方主体进行监管的一种机制

从本质上和实践上来讲，征信是一个网状体系，监管也应当覆盖到这个网状体系中的所有成员。"征信业"这个词使用原因更多在于表述的简洁与方便，但征信本身是一个网络状的活动体系。参与这个活动的主体涉及信用信息提供者、信息主体（被征信人）、信用报告使用者（不一定同时是提供者）以及征信机构等相关各方，甚至在欧盟的法律体系里更是将征信机构细分为数据控制者和数据处理者两类主体。如果对征信活动实施监管，那么管理应覆盖所有的参与方，而不应仅仅只是将征信机构视为执行信息中介的传导信息者。对于该体系中的最低监管标准应该是：信息主体有报告真实信息的义务，信息提供者要及时报送准确而完整的信息，而征信机构（欧盟的数据控制者和数据处理者）应采取以下四项措施：一是要有确认信息的合理标准，二是要在信息采集、在处理和使用过程中避免对信息主体个人权利的侵害，三是应限制信用报告的使用目的，四是征信系统应建立起对信息主体的保护标准。

（二）个人征信监管应加强制度设计

在个人征信活动场景中，长期以来信息主体（被征信人）对于征信机构并不熟悉，信息主体通常只和贷款机构有直接联系。但随着信息技术的发展，征信产品、应用场景的增加，征信机构和信息主体之间联系逐渐增多，因此征信机构发生侵犯信息主体权益的情况也逐渐增多。从本书前文理论分析可知，信息共享活动从本质上对征信市场的发展非常重要，但同时可能对信息主体造成负面影响。因此，监管机构必须保证加强对征信机构的活动监管。监管通常可以以主动形式进行，如投入大量精力分析征信机构进行年度报告、审计和经营活动以发现其中违法之处，也可以被动监管的形式进行，如对征信机构违法行为进行监管。在实践中，即在"95指令"执行期间，欧盟更多采用被动式监管，这是由于欧盟监管力量不足造成的，虽然在GDPR下欧盟数据保护官的设立大大缓解了这些问题。但无论是美国、欧盟还是中国，随着征信市场的扩展，面临着日益加深的征信主体权益保护，都不能穷尽所有监管力量进行事前监管，这就非常需要建立行之有效的异议处理制度和异议处理之后的救济制度体系。

（三）市场化征信存在的国家应当建立行业自律体系

根据回应性监管理论和美国监管实践，存在市场化征信机构的国家应当建立行业自律体系，这在美国的征信监管中我们已经做了充分说明。在我国，市场化征信机构的出现，需要行业自律系统在行业标准、行业内部约束、行业内协调、行业内部教育和交流方面发挥更大的作用。

（四）公共征信机构和私营征信机构并存有利于征信发展，但会有监管难题

美国是没有公共征信机构的纯市场化征信国家，而欧盟成员国内，德国国内"公共＋私营"征信机构并存，法国是单纯的公共征信机构，英国与美国情况相似。根据各国实践，当征信市场存在竞争时，应考虑将劳动力资源在公共征信机构和私营征信机构之间进行合理分配。公共征信系统存在的国家如法国和比利时，将私营征信机构挤出了市场，这带来了公共垄断。公共垄断有利有弊，弊端在于征信机构没有创新的压力，未来可能面对外部环境带来的市场挤压。在德国这样的国家，市场上既有公共征信机构，又有私营征信机构，在监管体制上，实现了

对征信监管主体的权衡，德国实行的是 GDPR 监管法律下的多头监管模式。我国建立了公共征信系统，根据市场发展需要，目前也在发展市场化征信机构，私营征信机构的进入给我国征信监管带来了难题，但也带来了新的发展机遇。监管者对"政府＋市场"征信模式进行合理监管，既适应征信市场需求，又保证监管行之有效，最终实现两者优势互补、错位发展，促进征信发展。

从美国和欧盟的征信监管机制比较中，当然还能发现更多的启示，有一些启示甚至体现在征信监管的细节中。从个人征信监管的历史和实践中可知，即使是美国这样较低实施信息保护的国家，有关信息主体的权利保护的征信监管制度也越来越多地被引进到征信监管中。在赋予信息主体权利和增进信息流动进而保障征信市场发展之间找到一种适当均衡，这的确是个应当着重思考的问题。而维持并促进这种均衡，是立法者和监管者的共同责任。在综合征信发达国家的征信监管经验后，通过对比现有立法和监管条件下我国征信监管机制存在的问题以及对未来征信发展的展望，结合我国大力推进社会信用体系建设的国情，我们认为健全我国个人征信监管机制是非常有必要的。

第二节　加强以事先预防为立法基点的平衡模式

一、背景性因素

通过比较美国和欧盟征信监管立法，我们很清晰地发现两种监管机制的立法基点的不同。美国的征信市场先于征信规范制度的确立，导致美国在进行征信立法时一定不能忽视强市场的存在，同时由于美国是普通法系国家，对于社会作用的培育和自由市场的推崇使市场倾向于建立信息可自由共享的环境。因此，美国的征信立法强调的是信息能够实现共享，只有在信息共享的规则足以破坏征信市场（有时表现消费者利益受到侵害）时，才会有制定专门法律进行规范。因此美国对于征信监管主要还是考虑在不侵犯信息主体和相关合法人权益的基础上，一般不通过监管进行干预。

而欧盟恰恰相反。由于历史原因形成的法律文化、内部数字产业弱化但消费者市场强劲的种种不平衡，需要以公法为路径加强个人数据权利保护进而加强数据流通，设定个人数据强制规制法，这体现的是事先预防的思路。

从目前的立法实际上来看，我国采纳了欧盟这种事先预防思路的个人信息保护路径。这是由我国现有的国情以及互联网发展所带来的难以预测的风险所决定的。我国互联网产业野蛮发展史已经提供了历史的教训，在缺乏法律制度和监管的环境下，美国式的市场调节模式立法不适合我国的实际情况，解决不了个人信息保护和信息共享之间的矛盾，还容易造成对个人人格权益的侵犯。另外，互联网、大数据、人工智能等的发展，数据处理的深度广度都已经发生变化，所带来的未知风险也极大加剧。因此，在应对防范个人数据泄露、算法歧视等问题，仅仅依靠市场的调节对我国并不适用。

二、个人征信立法理念

2021 年，我国密集出台了《中华人民共和国个人信息保护法》《中华人民共和国数据安全法》《中华人民共和国征信业务管理办法》等法律。《中华人民共和国个人信息保护法》的立法宗旨：为了保护个人信息权益，规范个人信息处理活动[1]，促进个人信息合理利用，尚无意于保护个人信息流动，保障数据流动的法律交由《中华人民共和国数据安全法》执行，但后者更多的是维护国家数据安全，保障国家数据利益，是国家层面的公法，不能调整平等主体之间的民事法律关系。2021 年颁布的《征信业务管理办法》重申了立法宗旨：为了规范征信业务及其相关活动，保护信息主体合法权益，促进征信业健康发展，推进社会信用体系建设。[2] 这与《征信业管理条例》（2013）是一脉相承的。在我国已有征信专门立法的情形下，加强《征信业监管条例》等征信核心法律与《中华人民共和国个人信息法》等法律的协调，对于我国保护信息主体合法权益、规范征信业务等活动、保障数据安全、促进征信业健康发展和推动社会信用体系建设都具有重要意义。

第三节　分"两步走"提高征信立法层级

自 2013 年颁布实施《征信业管理条例》以来，已经走过了十个年头。虽然《征信业管理条例》配套出台了一些部门法律，但从未做出过修订。从目前执行《征信业监管条例》效果来看，已经不能很好地适应本阶段征信发展要求。征信监

---

[1] 《中华人民共和国个人信息保护法》第 1 条规定。

[2] 《征信业务管理办法》第 1 条规定。

管机制要为国内国际征信运行提供有力保障，一定要有高立法位阶的征信立法。

一、提高征信立法层级的背景性因素

首先，征信新场景的出现、市场化征信机构的发展等使立法滞后。随着国内内循环的发展，征信活动已经不再局限于信贷领域，征信的应用场景也已经突破金融领域，而扩展到行政管理、公共服务、商业活动、社会生活等。而市场化征信机构的出现，也为征信立法提出了新的难题。目前的征信立法存在滞后的情况，不能规制现有征信发展实际，还处于用部门规章、行业规定等进行"修补"的状态。上述情况都导致监管政策存在不确定性的问题。

其次，社会信用体系建设为征信监管提出了更高的要求。随着我国社会信用体系建设的推进，征信体系也是社会信用体系中的核心组成部分，而目前我国社会信用体系对征信的要求是实现覆盖全社会的征信体系，征信监管已经成为社会治理的重要组成部分。也为征信监管提出了更高要求。

再次，是我国参与全球经济治理的必然选择。随着国际外循环的不断推进，我国与全球其他国家经济联系越来越深入，国际信贷、跨境电子商务等都需要征信的参与，而个人信息跨境流动必然会在未来有较大发展。参与全球经济治理，也要在国内创造一个公平合理的竞争环境，而法律体系建设是其中的关键一环。

最后，我国征信关联立法的快速发展为提升征信立法层级提供了外部条件。纵观国内征信立法，针对个人征信相关的规定，在《中华人民共和国网络安全法》《中华人民共和国民法典》《中华人民共和国个人信息保护法》《中华人民共和国数据安全法》等征信关联法律频频出台的大背景下，现有的征信条例及其配套部门规章体系，其权威性和强制性程度已经不能适应我国未来对个人征信监管的需要。

二、我国提高征信立法层次的"两步走"路径

综合我国征信立法情况，以及我国的实际情况，在现有征信核心法律基本贴近我国实际，而《征信业务管理办法》也是根据《中华人民共和国个人信息保护法》对征信业务规则作出了调整。制定统一的征信法的外部条件还未达到，在此情况下，征信立法也不应操之过急，本书认为，提升我国征信立法层次也要分为"两步走"：第一步是逐渐实现目前我国征信法律与现有相关法律的有效对接，在法律协调上下功夫；第二步是在上位法依据和其他法律配套等外部条件成熟后，启动征信业立法程序。

（一）第一步走：实现征信法律制度协调，为现有个人征信监管创造良好环境

个人征信活动涉及多方主体及其利益，因此我国征信监管法律既有征信业核心法律，也有征信相关行业关联法律，还有保护个人信息权益的相关法律，同时还有对征信活动进行支撑和影响的法律体系，我国现有征信相关法律制度协调性不足，应加大协调力度以为征信监管构建良好的法律制度环境。

1. 在保护个人隐私权和个人信息权益方面实现与《中华人民共和国民法典》《中华人民共和国个人信息保护法》的有效衔接

首先，实现与《中华人民共和国民法典》的有效衔接。征信关系涉及的民事主体有信息主体、信息提供者、征信机构、信息使用者四类，在《中华人民共和国民法典》中都用民事主体来表示，四类民事主体是平等的且通过合同确立权利义务关系。其中信息主体是信息的所有人，也是信用权益、个人人格权和信息保护权益的权利享有者，后三类被在民法典中被称为"信用评价人""信息处理者"，是民事法律关系中的义务履行者。在《中华人民共和国民法典》中，增加了信用权益的法律确认、个人信息保护的法律条款。从现有征信相关规范上来看，对《中华人民共和国民法典》没有实现衔接。征信法律规范应当遵守民法的基本原则，并应完善个人信息处理相关规定和工作机制，强化内部管理以使用《中华人民共和国民法典》立法要求，并在违约责任、侵权责任承担方面接受《中华人民共和国民法典》的管辖。

其次，实现与《中华人民共和国个人信息保护法》的有效衔接。《中华人民共和国个人信息保护法》是对《中华人民共和国民法典》个人信息保护方面的细化，使人格权的保护具有可操作性。《个人信息保护法》同样是征信业核心法律的上位法，征信机构处理个人征信信息，必须要遵守该法。2021年，《征信业务管理办法》将《中华人民共和国个人信息保护法》作为了其制定法律的依据，但从该部门法的法律规定上来看，虽然体现了一些规范内容，但距离《中华人民共和国个人信息保护法》对个人信息规范的要求仍有较大差距。这体现在两个层面上：第一个层面是《中华人民共和国个人信息保护法》的基本原则未能在个人征信立法中加以充分体现，主要表现在个人信息的处理规则、个人信息跨境提供规则、个人在信息处理活动中的权利、个人信息处理者的义务等各方面。可以说，个人征信核心法律只是在个人征信业务做了一些原则性规定，并未体现个人信息保护法律的核心原则，例如，在征信立法中没有体现信息可携带权、反对权、限制处理权的

相关规定。第二个层面是个人征信法律中只做出了原则性规定，但无具体可落实的约束。

在法律衔接上，首先要将顺个人征信法律中应该遵守的信息主体的权利内容，并应在相关法律中加以体现，如撤回同意权的行使条件等。其次要将金融账户信息定义为敏感信息处理。在个人信息法中金融账户信息被定义为敏感信息，对于敏感信息的处理有三项规定：①对于敏感信息的处理需要取得个人单独同意；②要告知处理敏感个人信息的必要性和对个人权益的影响，以保障信息主体的知情权；③对敏感信息处理还要事前进行保护影响评估。最后要细化在信息全生命周期中的征信监管。此外还要对个人信息全生命周期的各个环节加强监管，并保障信息安全，必须细化规定。该部分我们在本章第五节进行探讨。

2. 作为商事主体的个人征信机构准入退出方面实现与商法的有效衔接

目前征信核心法律制度与《中华人民共和国公司法》做了部分衔接，主要体现在《征信机构管理办法》（2013）中有关个人征信机构的市场准入方面的规定。征信机构作为商事主体，其日常运行和治理都应遵守《中华人民共和国公司法》相关规定。但由于征信机构的专业性、特殊性和影响性，《征信业管理条例》对市场准入有更高的要求，如注册资本金 5000 万元，主要股东、高管条件等。随着市场化征信机构进入征信市场，作为自负盈亏的公司，必然面临竞争不利而导致的市场退出。但征信专门法律并未对征信机构的退出做出规定，由于在准入方面是严格的审核机制，在市场退出时本书认为不应适用《中华人民共和国破产法》规定，应由征信专门法律做出规定，以防止信息数据库数据丢失或者被盗用，信息权益受损。

3. 在经济管理与经营协调关系方面实现与经济法的衔接

在现有征信法律框架内，首先，被征信人作为信用消费者的权利保护并没有实现有效协调。被征信人作为消费者，也应接受《消费者权益保护法》的管辖，要对消费者基本权利进行保护，个人征信相关法律应予以协调。其次，征信中信息提供者和使用者都有银行，因此个人征信法律制度还要与《中华人民共和国商业银行法》进行协调。最后，市场化征信机构不可避免地要进行竞争，目前我国已有两家私营征信机构，未来私营征信机构进行竞争必然要接受《中华人民共和国反垄断法》《中华人民共和国反不正当竞争法》的规制。

4. 在行政、刑事责任认定与执行方面实现与行政法和刑法的衔接

《征信业管理条例》规定了个人征信机构的审批属于行政许可范畴，个人征信

机构因违反条例需承担行政责任时，征信业监管机构施加的行政处罚以及被处罚的征信机构有权提起行政复议和诉讼，那么个人征信法律制度还要与《中华人民共和国行政许可法》《中华人民共和国行政处罚法》《中华人民共和国行政复议法》《中华人民共和国行政诉讼法》建立匹配的法律衔接。

《征信业管理条例》《征信业务管理办法》规定征信监管部门、征信机构、信用信息提供者以及使用者的法律责任，其中包括民事责任、行政责任和刑事责任，但在刑事责任中未能明确具体罪名，与《中华人民共和国刑法》不能实现有效衔接，则会产生实践中的难题，司法部门难以根据具体的犯罪行为确定罪名和应承担的刑事责任。因此，应实现征信专门法律与《中华人民共和国刑法》《中华人民共和国刑事诉讼法》的衔接。

5. 在加快社会信用立法过程中实现征信法律与社会信用法律规范的协调

尽管我国在国家层面还没有社会信用体系相关立法，但各省（自治区、直辖市）出台了不少相关的信用立法，例如，《河北省社会信用信息条例》《上海市社会信用条例》等，目前的社会信用立法以自然人社会信用信息归集为主要内容，但也与征信专门法律做了一定衔接，如《河北省社会信用信息条例》第53条规定：社会征信机构及其获取的信用信息的管理，适用国务院《征信业管理条例》。可见，《征信业管理条例》在社会信用条例中被视为有效力优先的特殊规范。此外，随着我国社会信用体系的推进，可以预见未来我国在社会信用体系方面的立法进度将会加快。个人征信法律制度也要与之匹配协调。

（二）第二步走：制定统一的征信法，实现征信领域的全监管

吴晶妹（2022）在总结我国社会信用体系建设发展情况后，认为我国正在形成三大征信体系格局：金融征信体系、行政管理征信体系和商业征信体系。这既涵盖了传统意义上的金融业征信系统，也涵盖了正在建设的全国和地方信用信息共享平台，同时也有对未来现代信用服务和生活场景支撑的商业征信体系。统一的征信法应当涵盖上述三个征信体系，形成一种大的征信监管格局。

此外，为制定统一的征信法，在《中华人民共和国立法法》基本经济制度立法内容中要涵盖征信立法内容，还要在上位立法中将"个人信用""企业信用""社会信用"予以法律概念认知，形成专门条款，为各部门立法和地方征信立法提供依据。在外部条件具备之后，我国应启动统一征信法的立法程序，提升征信立法的法律位阶。

第四节　适当放松市场化征信机构的准入

一、明确市场化征信机构的法律性质

明确征信机构的法律性质，对于明晰征信机构的法律地位进而确定征信机构在征信市场中的法律关系具有重要意义。从我国《征信业监管条例》相关规定来看，如果想要设立个人征信机构，那么首要满足《中华人民共和国公司法》的相关规定，因此，从法律性质上来看，个人征信机构应当是公司制的企业法人。但这只是基于法律规范的隐性推定，条例并未详细说明个人征信机构是属于企业法人的明确表述，同时基于个人征信机构的准入高于一般公司门槛的管理规定，我们也可以推定个人征信机构是一类特殊的专门主体。在市场化征信机构未出现时，央行金融信用信息基础数据库作为公共征信机构已被明确定义为事业单位，而私营征信机构，应将其定位于公司制的企业法人。

二、适当放松准入监管，促进市场竞争

2006年，我国央行征信中心的成立标志着我国成为政府主导的个人征信体系。央行金融信用信息基础数据库接入机构多为传统金融机构，服务覆盖人群有限，且公共征信机构的数据来源和产品应用场景有限，更多地在个人信贷领域发挥作用。

从2018年开始，百行征信和朴道征信陆续获批个人征信业务牌照，大股东均为政府背景，征信经营也刚刚起步，距离我国个人征信市场需求尚有较大距离。竞争是市场经济的灵魂，竞争性金融市场充满活力。

在美国这一类实行市场化征信模式的国家，个人征信业产自于市场竞争，发展与市场竞争，通过市场平等竞争规则实现信息资源的有效流动进而实现配置优化。其中由竞争带来的优胜劣汰的压力，以及由盈利带来的信用产品和服务优化的压力都促使个人征信机构加快发展，进而也促进了征信市场的发展，带来了资源配置的高效率。市场化征信国家的市场准入、运营和退出都完全依赖市场，由市场决定个人征信机构的生存发展，而政府极少干预。

　　我国个人征信立法目标其中之一是保护征信主体基本权利，在我国没有构建起强有力的征信监管机制时，严格的市场准入是有效的。如果放任不具备资格的征信机构进入市场，不仅会侵犯征信主体权益，而且会扰乱征信秩序。但从长远来看，我国已经选择了双轨制个人征信发展模式，在征信监管机制有保障的前提下，不能过度限制个人征信机构的数量，使市场缺乏竞争。缺乏竞争的市场会带来两个问题：一是影响征信市场的健康发展。市场主体较少时则缺乏足够的竞争，会导致个人征信产品和服务质量不能提升，不能满足征信市场多元化的产品需求，由此市场可能产生其他的替代性选择（可能是不合法的），这对征信市场发展不利。二是造成腐败寻租，影响消费者利益。过度的监管容易造成腐败寻租，且缺少竞争会导致更差的产品质量和更高的非正式成本，影响市场效率，从长期来看对消费者不利。

　　我国是世界第二大经济体，人口众多，个人征信市场由巨大市场潜力和利润增长空间，信用多元化产品和服务需求未来是重点，我国巨大的个人征信市场可以允许更多机构参与市场竞争。因此，在通过法律规范对征信主体个人权利保护的同时，不能放松对市场竞争的限制。欧盟的私营个人征信机构被挤出已经为我们提供了教训。因此，监管机构为征信市场健康成长确立良好的竞争秩序，推动市场优化资源配置，当是优选。在现有准入行政许可制度下，适度放松准入监管，增加市场竞争，是当前这个时期的监管重点。这既可以保证准入的私营个人征信机构的质量，又能鼓励竞争，实现多元化差异化发展，同时也能有效维护信息主体的权益。但征信监管部门还应当私营个人征信机构的差异化发展、实现对公共征信机构互补方面再下功夫，如在颁发准入许可时根据其业务范围作出界定，防止同质化征信机构过多出现造成恶性竞争的局面。

第五节　细化个人信息处理规范，保障征信主体权益

　　《征信业管理条例》迄今已经执行了 10 年，这期间我国互联网金融飞速发展，互联网业务更新迭代、层出不穷。《征信业管理条例》作为我国征信业核心法律，其局限性逐渐暴露。虽然我国用《征信机构管理办法》《征信监管指引》《征信业务管理办法》等部门规章和规范性文件，对个人信息保护进行了原则性的要求。但在具体法律适用上，我国不仅缺少效力层次高的法律，也缺少对个人信息处理与保护规则的具体规范。

2021 年颁布《征信业务管理办法》是一个部门规章，上位法律依据为《中华人民共和国中国人民银行法》《中华人民共和国个人信息保护法》《征信业管理条例》，该办法对我国征信业务规范进行了规制，从信用信息采集，信用信息整理、保存、加工，到信用信息提供、使用，信用信息安全、监督管理到法律责任等内容，比照条例，体现了以下三个特点：一是制定了更加细化的业务规则，对照条例已经有了较大进步；二是虽然体现了部分《中华人民共和国个人信息保护法》的法律原则，但存在着原则性过强和不够细化的问题，整体上对《中华人民共和国个人信息保护法》的配合程度不足；三是为便于监管，该办法仍应当需要有实施细则确定执行标准。

一、加强征信机构的义务，健全征信机构组织架构

（一）个人征信机构应完善内部规章制度

应在征信相关法律中规定征信机构有义务完善规章制度，且将制度建设设定为监督检查内容。个人征信机构完善规章制度应当涵盖机构内控制度、信息处理操作规程、网络信息安全制度、内部员工安全教育、责任追究制度、应急处置制度等。

（二）建立个人征信机构信息保护负责人制度

《中华人民共和国个人信息保护法》规定，处理个人信息达到国家网信部门规定数量的个人信息处理者应当指定个人信息保护负责人，负责对个人信息处理活动以及采取的保护措施等进行监督。征信机构应当设立信息保护负责人，并建立权责制度，同时将信息保护负责人情况进行报备及公开。

（三）征信机构应妥善管理个人信息

在个人信用信息中，涉及敏感信息和一般信息。根据法律规定，非特定条件下取得个人信息需要征得信息主体同意。金融账户信息属于敏感信息，敏感信息的采集需征得单独同意，且信息主体享有知情权。由于我国《征信业管理条例》规定了"书面同意"义务，因此金融账户信息的取得，需要在保障数据主体知情权之后，再获得单独同意和书面同意。对于未加"书面同意"的情形，敏感信息

的收集要做到征信主体知情，再加上单独同意的要求。此外，对于敏感信息的处理，还要事前进行个人信息保护影响评估。

二、细化个人信息处理全过程中的同意权

同意权贯穿到个人信息处理的全过程。

（一）一般信息的同意权及其例外

对一般个人信息，一般不需要取得信息主体的"单独同意"，但《中华人民共和国个人信息保护法》也规定了需要取得单独同意的有四种情况：一是对第三方个人信息处理者提供个人信息；二是取得单独同意后得以公开个人信息的；三是取得个人单独同意后将公共场所采集的个人信息识别信息用于其他目的的；四是向境外提供个人信息的，这几类都需要履行个人知情权和单独同意，书面同意非必须。

（二）敏感信息的同意权

在谈及征信机构义务时，曾经探讨了征信机构处理敏感个人信息的情况，敏感个人信息要做到信息主体知情权和单独同意权，特殊情况下要增加书面同意。此外，事前进行个人信息保护影响评估是必要的，应当在征信相关业务规范中加以体现。

（三）同意权例外情形

不需要取得个人同意的信息处理情况，主要是基于保障公共秩序或者法律规定情形，涉及履行反洗钱、反欺诈等法定职责或义务，或依法应当予以公开的情形。

（四）取得同意的方式

单独同意可以通过纸质协议、电子签名弹窗或确认页面等方式通过网络进行，也可以线下进行。

三、个人征信中信息的合规处理

《中华人民共和国个人信息保护》规定个人信息处理环节主要包括信息采集、加工、使用、存储和提供环节，而这几个环节也是个人征信机构容易出现违规行为的环节。

（一）个人信息采集应遵守的法律原则

信息采集要遵循的原则是合法、正当、必要、诚信、公开、透明，要求"最小化"收集个人信息，不得过度采集。在该环节，最容易出现问题的是手机 App，如果使用 App 就要强制授权或者过度授权，容易出现超范围采集的情况，立法中应对信息采集的原则加以细化并可执行，如根据 App 实际情况确定信息采集的范围，而不只是泛泛规定禁止采集的情形。

（二）信息加工上的限制性规定

主要是自动化决策上的限制。在自动化决策中使用算法或者特定程序进行自动分析产生了"客户画像""信用评分"等产品。该产品用以评估个人信用并帮助使用者进行决策。在此，首先征信机构需要保证技术透明、算法公正，其次要进行个人信息保护影响评估。自动化决策应避免差异化待遇，确保信用评价公正。

（三）信息使用上的限制性规定

在信息使用时，首先，如果存在影响信息安全风险时，那么行业要进行标识化处理、匿名化处理；其次，信息使用时应不超出收集信息时的约定目的。

（四）信息存储相关要求

征信法律要细化存储技术性要求，保障信息存储过程中的信息安全，应采取以下两项措施：一要完善信息系统安全设施和网络安全设施，要经常进行日常安全监测；二要运用多种技术手段，严防数据泄露。

对于负面信息的存储期限目前规定为 5 年，但对于正面信息法律没有规定。从保障信息主体权利的角度，理应对正面信息存储年限作出规定。

（五）信息提供的限制性规定

主要体现在信息提供第三人、信息转让和信息跨境处理等。当征信机构向第三人提供信息共享时，应履行告知义务且取得单独同意。征信机构对外提供征信报告等产品时，也应当履行告知数据主体的义务。跨境信息服务是最为特殊的一类情况，征信机构应具备跨境征信服务备案，经过安全评估、保护认证、签署合同等措施。

四、建立统一的集中化的征信通告系统以保障修正权

在分析国际经验时，曾经提到过集中化的征信通告系统会令征信主体的修正权得以充分发挥。在我国，也应由中国人民银行征信监管局建立一个集中化的通告系统，该系统可以涵盖线上投诉受理平台，也可以接受线上异议申请，同时可以由征信机构发起信息更正，以利于及时共享，全面覆盖征信体系。美国在《公平信用报告改革法》（1996）执行中曾用到该全国性的通告系统，该系统有利于保障信息主体的个人征信权利。在该系统内，如果信用报告中的条款发生了变化或者被删除，那么必须通过该联合通告系统互相告知，以确保更正信息能够全面及时覆盖，该联合通告系统的建立有利于信息在通告后被及时了解。

五、确立便捷的个人征信投诉处理程序以保障投诉权

《征信业管理条例》规定征信主体享有投诉权。被征信人在行使异议权的过程中，有可能会面临个人征信机构的消极不作为，导致存在瑕疵的信用信息有可能继续被披露和使用，从而进一步损害被征信人的权利。所以，赋予被征信人投诉权并设计便利的行使程序对于个人信息保护有着积极意义。

《征信业管理条例》《征信投诉办理规程》《征信业务管理办法》中都对投诉权做了阐释。信息主体投诉后，征信监管部门在 30 日书面答复投诉人。如果再有异议，那么可以向做出投诉处理决定的中国人民银行分支机构上一级机构申请复议。为了更好地维护信息主体的合法权益，征信立法应将征信监管部门对投诉的处理行为界定为行政确认或行政裁决，从而纳入具体行政行为的范畴。一旦信息主体对征信监管部门的处理决定不服，便可适用《中华人民共和国行政复议法》的规定，既可以向上一级征信监管部门申请行政复议，或者直接向法院提起行政诉讼。

在投诉方式上，现有的征信投诉一般由征信主体在线下完成，需要填写纸质版《征信投诉受理单》和提供身份证明，或者以传真、书信、电子邮件等常规渠道进行。我们应当借鉴欧盟和美国的异议投诉机制，中国人民银行征信监管局通过建立全国统一的征信投诉线上受理平台，省一级分行征信监管处也建立各自的线上受理平台，由信息主体通过网络发起，同时简化投诉手续。

第六节　构建协调的个人征信监管体系

个人征信监管体系是保障法律能够得到有效执行的重要机制。监管机构根据法律制度赋予的权限进行执法行为，对违法行为作出惩戒，保障个人信息权益，保障个人人格权，促进征信活动的规范发展。

一、创新个人征信监管模式

传统个人征信监管模式的特点是强制性、单向性和惩戒性，再加上监管手段的单一，个人征信监管面临着诸多问题。主要体现在以下四个方面：一是传统的机构监管不能满足监管需要。征信市场存在有混业经营情况，监管思路应构建以动态手段监测征信业务的行为监管。二是传统的现场征信监管手段已经过时且落后，必须要推动征信监管手段的技术升级，同时充实专业的监管人才。三是原有监管无法兼顾不同生态领域市场主体的特殊性，监管成本高、效率低。四是从目前我国个人征信法律制度存在的问题可知，我国在行业标准等实施细则方面存在较大的问题，需要将行业协会纳入监管体系，充分发挥行业自律的作用。因此，我国应当以保障个人信息权益为起点，创新个人征信监管模式、创新个人征信监管方式、充分发挥行业自律的作用。

二、加强对市场化征信机构的监管

市场化私营征信机构在我国属于新事物，从 2018 年产生到现在不过短短五年时间。同时由于私营征信机构还处于发展初期，影响并不大。但这并不意味着要放松对市场化征信机构的监管。

加强对私营征信机构的监管，原因主要有以下四个：一是私营征信机构虽然是从事征信产品和服务的社会化机构，但在被征信人看来它也具备信用监管的职能，这是因为征信机构会对个人信用信息进行评判，出具具有权威的征信报告。因此，如果私营征信机构失信，那么其带来的危害和各方主体承担的损失必然很严重。这当然从其严格的市场准入条件也可以看出。二是虽然私营征信机构处于初始阶段，但已经作为一类市场主体从事市场竞争，因而，从长远发展的眼光来看，根据预防为基点的立法模式，对于私营征信机构不能放松准入后的征信业务监管，要保障其发挥优势互补、错位发展的市场定位，在监管中保障其合规运营。由于目前我国在这方面立法有空缺，因此更要求监管机构总结对私营个人征信机构的监管经验，尽快形成立法。三是私营征信机构具有竞争性特点，其必然要以盈利为目标，如果监管机制不健全，极易导致其在追求利益的同时损害社会公共利益和征信主体的个人权益。四是对私营征信机构的监管，还应当扩展至其高管和从业人员。由于个人征信业务的重要性，对高管和从业人员从准入门槛到行为规则都做了若干法律和制度约束。同时加强对该类人员的业务培训、信息安全培训，用严格的内控制度去约束其行为的正当性。

对于市场化征信机构的监管，目前可以考虑运用社会信用体系监管的形式加以约束。国务院办公厅 2019 年印发《关于加快推进社会信用体系建设构建以信用为基础的新型监管机制的指导意见》中提到创新监管形式，建立健全贯穿市场主体全生命周期，衔接事前、事中、事后全监管环节的新型监管机制，不断提升监管能力和水平。采取强市场型监管是我国政府的基本立场，良好的市场监管依然是必要的。对市场化的征信机构进行监管不仅能实现充分的市场竞争，又能通过完善的信用机制将失信的主体及时隔离，是一种低成本的监管机制。在构建社会信用体系过程中，"失信惩戒、守信激励"制度也为分类监管提供了便利，对于信用良好的私营征信机构，应逐步确立以内部管理为主、"双随机"检查为辅的自主型监管模式；对信用一般的私营征信机构，仍然需要维持必要的常规监管，以"双随机"检查为主要措施；对信用较差的私营征信机构，应提高"双随机"检查的频率。

三、建立个人征信业监管协调机制

2023 年 3 月 10 日，中共十四届全国人大一次会议表决通过了关于国务院机构改革方案的决定。在本次政府机构改革中，有 6 条涉及金融领域。改革形成了中国人民银行、国家金融监管总局、中国证券监督管理委员会"一行一局一会"的结构，从不同角度强化中央对金融的监管力度，使监管权力更加集中统一，最大限度地防范金融风险出现。在金融监管体系改革之后，具有中国特色的"双峰"监管进一步显露端倪，中国人民银行主要负责货币政策和宏观审慎监管，国家金融监督管理总局统一负责除证券业之外的金融业监管和金融消费者权益保护，证监会负责资本市场监管，增加企业债券发行审核等职责。新型监管格局也为个人征信监管打开了思路。可以预见的是，未来的征信监管一定要符合大的金融监管框架。

（一）建立征信监管协调机制的理由

1. 中国人民银行在监管中力有不逮

《中华人民共和国个人信息保护法》规定国家网信部门负责统筹协调个人信息保护工作和相关监督管理工作。国务院有关部门依照本法和有关法律、行政法规的规定，在各自职责范围内负责个人信息保护和监督管理工作。县级以上地方人民政府有关部门的个人信息保护和监督管理职责，按照国家有关规定确定①。《中华人民共和国个人信息保护法》没有设立专门的个人信息保护机构，另外，采用对现有管理主体赋权的形式，赋予国家网信部门监管权，与行业主管监管部门配合监管的方式。现有机制，对国家网信部门的原有监管权力进行了两项扩张：一是要统筹协调；二是要进行监督管理。

个人信息相关业务主管监管部门还包括工信部门、公安部门、市场监管部门、央行、教育部门、交通等诸多领域。对于个人征信领域的个人信息权利保护和监管，则是由中国人民银行负责。现有法律框架下，在现有机制下，这种监管方式应当是具有一定的合理性的。但所谓的"分工监管、共同协调"的模式没有能对监管部门之间的权责进行清晰的划分。我国的网信部门承担着多项监管协调职责，实践中，个人信息保护执法已经出现部门间配合不到位、检测标准和执法尺度不一致等问题，甚至出现部门间竞争性监管执法的情形，不仅影响个人信息保护监管执法的高效开展，而且有违功能适当原则。

根据美国和欧盟经验，设立非归属政府各部门机构的独立的个人信息保护机构或消费者保护机构，已经成为各国个人征信监管的共识。在我国日益保护个人信息权益发展的今天，以及国家对于信息保护上升到安全层面，本书认为，应当建立一个专门的机构，承担该两项职能。

根据《征信业监管条例》，中国人民银行征信管理局及其派出机构是我国征信

---

① 《中华人民共和国个人信息保护法》第60条相关规定。

业唯一的监管机构，因此，从法律权利归属来看，中国人民银行对于征信业个人信息的保护同样具有监管权。从监管实际上来讲，个人信息保护有了专门的监管部门，但对于征信业监管而言，两个监管部门之间的协调将成为今后一个阶段重要的主题。从国外经验来看，对征信业的政府监管往往是由多个部门共同完成的，如中央银行、金融消费者保护机构或者个人数据保护机构。而根据业务最密切联系原则，中国人民银行成为我国最适宜的征信业监管者。但随着征信监管内容的重心由机构监管向业务监管转变，中国人民银行对个人信用信息的保护也有了力所不逮之处。

2.是加强对公共征信机构外部监管的必然需要

我国个人金融信用信息基础数据库的监管工作是由中国人民银行征信管理局完成的，两个机构（部门）都属于中国人民银行，监管从性质上属于内部监督。通过对欧盟个人征信监管机制进行的研究可知，有公共信贷登记系统的欧洲国家，其公共征信系统不仅要受到来自中央银行的内部监管，更要受到国家数据（信息）保护部门的外部监管，按照 GDPR 进行统一监管。

中国人民银行征信中心作为属于中国人民银行的事业单位，其工作人员同样是有着事业编制的中国人民银行工作人员。在中国人民银行分支机构层面，征信管理部门与征信分中心是"一套人员，两块牌子"，承担着公共征信系统建设和监管的双重职责，对于征信相关主体，经常将监管与建设混淆，这就导致了外部监管缺失。未来的征信立法应当明确我国公共征信系统的外部监管部门。

（二）构建个人征信监管协调机制

中国人民银行是我国征信业的监管机构，但不是金融机构的法定监管机构。根据原有征信监管体系，中国银行保险监督管理委员会（以下简称银保监会）是对银行业和保险业金融机构进行监管的业务部门，中国人民银行要实现与银保监会的协调。中国银保监会除监管银行和保险业以外，对小额贷款公司、融资性担保公司、典当行、融资租赁公司、商业保理公司、地方资产管理公司、网络借贷信息中介机构业务活动进行监管。征信业与信贷业密不可分，两者是业务监管的最主要协调机构。

除此之外，中国人民银行还与国家网信部门、公安、法院、工信部门、市场监管等部门，这些同属于监管部门。为了充分发挥监管协调机制作用，应当在协调机制中确定监管职责、协调议事规则、程序，便于形成常态化的沟通机制。在监管中还要统一监管尺度、避免条块分割和给管理碎片化。

2023年，在我国新的金融监管体系下，未来征信监管格局会发生较大的变化，协调机制也将随之调整。

四、强化行业协会的自律监管职能

信用服务业作为知识和技术密集型的新兴服务业，具有经济社会效益好、企业边际成本递减、行业自律要求高等特点，发展潜力巨大。因此，高度的行业自律性，既是信用服务业的特征，也是客观要求。信用服务机构的独立性要求其必须保持高度的中立性、客观性、公正性。

政府监管与行业自律同属于市场治理的两种制度安排，但是监管主体、内容和方式上有明显不同。其征信监管分配可以设计如下。征信立法确定政府的监管职能，政府也通过立法形式在监管范围内对征信活动各方主体权利义务进行规范，履行刚性监管职责；而行业协会根据其在细分专业领域上依照行业协会章程来制定行业规则、确保行业主体利益、维护行业公允、推动行业发展，履行柔性监管职责。政府监管和自律监管统一于对促进行业发展、维护各方主体权益的目标原则上。

（一）征信业行业协会的基本职能

以美国的征信业行业协会举例，美国征信业行业协会主要承担了以下五个职能：①制定行业标准和业务规则作为立法的补充；②为会员提供服务，涵盖信息咨询、业内活动、权益维护、专业教育、业务资格考试等；③作为行业整体利益的代表，维护本行业合法利益；④是沟通行业和政府的纽带，协调不同利益主体关系；⑤制定自律监管的相关规定。

（二）加强我国行业自律协会的路径

在我国现有条件下，不具备美国自律协会错位发展的征信市场。因此，我国的行业自律协会可以考虑先成立一家国家层面的征信业自律协会，代表行业集体利益以及维护会员合法权益。在全国行业自律协会下，可以设省级分支协会，用以实现全国性的覆盖。全国行业协会制定自律公约，形成对会员的约束规范，搭建行业协会与监管部门之间协作的渠道。行业自律协会应当接受政府的指导，但政府也不能干预自律协会的工作。应当强化行业协会的公约制定、自律规范制定的权利。为了弥补我国现行立法的不足，可以考虑由专业的行业协会制定统一的标准，包括行业规范、行业规则、行业标准。

五、完善失信惩戒机制

失信惩戒机制的完善直接影响到我国征信监管体系的效果。失信惩戒机制的规范、调整、规制失信行为的作用发挥能够为个人征信的政府监管和自律监管创造一个良好的法治化环境，同时对支撑我国社会信用体系建设，强化社会治理现代化具有重要意义。针对我国失信惩戒机制存在的问题，结合欧美经验，我国失信惩戒机制的完善应该集中在以下三个方面：

（一）构建失信惩戒机制的法律和监管保障

国家要尽快出台针对性强、便于操作的失信惩戒机制相关法规和配套的规范性文件、制度，将信用联合惩戒纳入法治化。明确国家层面执法部门和地方层面执法部门的执法权限与内容，同时借鉴国外失信惩戒保障机制，制定政策措施，对失信行为和守信行为界限加以区分，明确惩戒行为的实施主体，构建联合协调工作机制，确立惩戒措施，对失信数据的采集、使用、保存年限和披露形式等加以明确规范。

在改善失信惩戒的执法方式方面，执法机构应当改变传统刚性执法的思路，根据失信行为的情节轻重对失信行为做出区分。对待一般失信行为，采用刚柔并用的执法形式和手段，在失信惩戒之前，用建议劝告等方式给予提醒。但对待严重失信行为，在防止失信惩戒使用泛化的基础上，合理适用失信惩戒手段，营造失信惩戒对于严重失信行为的威慑力。

（二）构建信用修复机制

信用修复机制能够为失信主体提供自我纠错的路径，对营造守信重信的社会氛围具有重要意义。信用修复机制可以为信用修复提供有效的手段和渠道，对于失信主体重塑信用提供方法和路径，是失信惩戒之后的一种救济方式。在信用修复机制中，应当明确信用修复内容、信用修复的适用范围、信用修复方式等内容。在信用修复内容中应该明确对于信用信息修复和信用行为的修复的不同纠正方式，按照国家相关规定或者社会认可方式予以纠正。在失信惩戒机制的使用范围方面，应根据情节轻重和是否有主观恶意，确立对于一般失信行为和违法失信行为的程序和处理依据，尤其对于严重的违法失信行为，对其失信记录和惩戒方式和信息保留期限要加以明确规定。在信用修复条件方面，首先，失信主体应当彻底纠正失信行为并已经承担对其失信行为的惩戒；其次，失信主体主观具有修复意愿，并做出守信承诺。此外，保障救助平台建设的建设、市场化的信用修复组织的应依法引入，对于实现信用修复的有效性也具有重要意义。

（三）推进征信文化建设

征信文化建设是在征信活动中形成的信用文化和诚信守信的社会风尚，这也是我国社会信用体系建设的基本内容。良好的征信文化能够提升政府、企业和个人的诚信观念，对促进信息公开程度、提升信用管理服务都能形成良性影响。加强征信文化建设，首先要弘扬践行守信的价值观念，提升征信行业从业人员诚实守信的责任感，形成严谨务实的工作作风，科学落实行业规范，进而提升整个征信行业的公信力；其次要提升整个征信行业的服务水平，增强服务意识，提升解决问题的能力，进而促进整个征信行业的健康发展。

第八章 结论

  个人征信体系是我国社会信用体系建设中的重要组成部分，对降低信贷市场间双方交易成本、增加信贷的可获得性、预防市场金融风险发生、提升社会信用程度、繁荣市场经济具有重要意义。征信的出现是债权人为了缓解信用交易中的不对称而进行的信用信息共享，随着经济社会的发展不断演化为个人征信机构，通过独立的个人征信机构对个人信用信息的客观公正评价，帮助贷款机构进行信贷决策进而保障信贷交易活动的顺利进行。个人征信行为可以促进信息流动，同时可以降低信息获取成本，提升了金融资源的配置效率。随着互联网技术的发展，个人征信运用的场景逐渐增多，目前除传统的金融征信体系外，行政管理征信体系在我国也已经建立，商业征信体系随着市场化征信机构的出现也将在未来实现大的扩展。

  本书从"个人征信监管机制构建的必要性"问题开始，指出个人征信监管目前面临的诸如个人征信市场亟待监管、个人征信市场存在有效需求不足，征信缺乏权威性和公信力不足，尤其是个人征信市场结构的完善和征信技术的进步所带来的深层次的法律问题，加大了金融风险，并进而影响金融资源的配置效率。在个人征信机构市场化建设的快速发展过程中，个人征信机构的监管、征信权利的保障等法律保障制度仍需进一步协调、完善，个人征信监管体系仍需做好顶层设计和监管机构之间的协调。这些制约因素已经成为影响个人征信业健康发展的主要因素。涵盖个人征信监管的法律制度和个人征信监管体系的个人征信监管机制的完善问题已经日益迫切。本书从经济学和法学交叉角度，对个人征信监管的机理、现状进行分析，并从国际比较的角度，对完善我国个人征信监管机制提出问题解决方式。

  从对纯市场化个人征信模式进行监管的美国个人征信监管机制来看，美国拥有发达的市场化征信市场、高扩展度的征信产品和服务的应用场景，因而美国的征信目标在于保障征信市场的发展和保护消费者利益两个角度。而欧盟由于其特殊的历史原因和悠久历史，造成其立法理念对个人权利的极端保护，征信监管的目标也将个人权利保护为先，促进数据交流为后。欧盟的 GDPR 为世界各国个人数据（信息）保护提供了一个示范样本。

从我国征信监管现状来看，我国个人征信发展水平与监管水平并没有达到最优状态，与征信发达国家相比仍然存在诸多不足，如我国个人征信监管机制仍然存在诸多不平衡，如个人征信法律制度不够完善、对隐私权和个人信息权益保护不到位和监管体系不完备等问题。

在对美国和欧盟个人征信监管机制分别进行分析之后，在最后一部分从信息共享与个人权利保护的平衡、个人征信立法、个人征信监管体系建设三个方面总结国际经验带来的启示，并在启示的基础上提出了完善我国个人征信监管机制的路径。主要采取以下四项措施：一要加强以事先预防为立法基点的平衡模式；二要分"两步走"提高征信立法层级；三要适当增加市场化征信机构的准入、后提出细化个人信息处理规范，保障征信主体权益；四要提出构建协调的个人征信监管体系。从个人征信立法到个人征信监管体系，本书对个人征信机构在欧美国际经验的基础上提出了有针对性的适合我国国情的对策建议。

参考文献

［1］Akerlof G A. The Market for "Lemons" : Quality uncertainty and The Market Mechanism ［J］. The Quarterly Journal of Economics, 1970, 84(3): 488–500.

［2］Alphonse P, Ducret J, Séverin E. When Trade Credit Facilitates Access to Bank Finance: Evidence from US Small Business Data ［C］//MFS (Istanbul) Meetings Paper. 2006: 1–34.

［3］Altman E I, Saunders A, Credit Risk Measurement Developments Over The Last Twenties Years ［J］. Journal of Banking and Finance, 1998(121): 1721–1742.

［4］Avery R B, Calem P S, Canner G B, et al. An Overview of Consumer Data and Credit Reporting ［J］. Fed Res Bull, 2003(89): 47.

［5］Barron J M, Staten M E, Wilshusen S M. The Impact of Casino Gambling on Personal Bankruptcy Filing Rates ［J］. Contemporary Economic Policy, 2002, 20(4): 440–455.

［6］Barron J M, Staten M E. The Value of Comprehensive Credit Reports: Lessons from the US Experience ［J］. Credit Reporting Systems and the International Economy, 2003(8): 273–310.

［7］Supervision B. Basel committee on banking supervision ［J］. Principles for Sound Liquidity Risk Management and Supervision (September 2008), 2011.1–84.

［8］Bennett C J. Regulating Privacy: Data Protection and Public Policy in Europe and The United States ［M］. Cornell University Press, 1992.

［9］Bennett C J. The European General Data Protection Regulation: An Instrument for The Globalization of Privacy Standards? ［J］. Information Polity, 2018, 23(2): 239–246.

［10］Brown M, Zehnder C. Credit Reporting, Relationship Banking, and Loan Repayment ［J］. Journal of Money, Credit and Banking, 2007, 39(8): 1883–1918.

［11］Brown M, Zehnder C. The Emergence of Information Sharing in Credit

Markets [J]. Journal of Financial Intermediation, 2010, 19(2): 255–278.

[12] Caouette J B, Altman E I, Narayanan P. Managing credit risk: the next great financial challenge [M]. Wiley; 1st edition.1998.

[13] Chandler G G, Johnson R W. The Benefit to Consumers from Generic Scoring Models Based on Credit Reports [J]. IMA Journal of Management Mathematics, 1992, 4(1): 61–72.

[14] Demirguc–Kunt A, Levine R. Financial Structure and Economic Growth: A Cross–Country Comparison of Banks, Markets, and Development [M]. The MIT Press, 2004:22–23.

[15] Djankov S, Mcliesh C, Shleifer A. Private Credit in 129 Countries [J]. Journal of Financial Economics, 2007, 84(2): 299–329.

[16] Doblas–Madrid A, Minetti R. Sharing Information in the Credit Market: Contract–level Evidence from US Firms [J]. Journal of Financial Economics, 2013, 109(1): 198–223.

[17] Elliehausen G E, Wolken J D. The Demand for Trade Credit: An Investigation of Motives for Trade Credit Use by Small businesses [J]. Fed. Res. Bull., 1993(79): 929.

[18] Galindo A, Miller M. Can Credit Registries Reduce Credit Constraints? Empirical Evidence on the Role of Credit Registries in Firm Investment Decisions [C]// Annual Meetings of the Inter–American Development Bank, Santiago Chile, 2001.

[19] George A. The market for lemons: Quality uncertainty and the market mechanism [M]. Oxford University Press; 1st edition 1970.

[20] Hauswald R, Marquez R. Competition and Strategic Information Acquisition in Credit Markets [J]. The Review of Financial Studies, 2006, 19(3): 967–1000.

[21] Hirshleifer J. Where Are We in the Theory of Information? [J]. The American Economic Review, 1973, 63(2): 31–39.

[22] Hitt M A. The Long Tail: Why The Future of Business Is Selling Less of More [J]. 2007.

[23] Huang Z, Lei Y, Shen S. China's Personal Credit Reporting System in the Internet Finance Era: Challenges and Opportunities [J]. China Economic Journal, 2016, 9(3): 288–303.

[24] Jaffee D M, Russell T. Imperfect Information, Uncertainty, and Credit Rationing [J]. The Quarterly Journal of Economics, 1976, 90(4): 651–666.

［25］Jappelli T, Pagano M. Information Sharing in Credit Markets: A Survey［R］. Working Paper, Csef, 2000a.

［26］Jappelli T, Pagano M. Information Sharing in Credit Markets: International Evidence［R］. Inter–American Development Bank, Research Department, 1999: 1–39.

［27］Jappelli T, Pagano M. Information Sharing in Credit Markets: The European Experience［R］. Csef Working Paper, 2000b:35.

［28］Jappelli T, Pagano M. Information Sharing, Lending and Defaults: Cross–Country Evidence［J］. Journal of Banking & Finance, 2002, 26(10): 2017–2045.

［29］Jappelli T, Pagano M. Role and Effects of of Credit Information Sharing［R］. Csef Working Paper, 2005.

［30］Joel F. Houston, Chen Lin, Ping Lin, Yue Mac. Creditor Rights, Infonnation Sharing, and Bank Risk Taking［J］. Journal of Financial Economics, 2010(96):485–512.

［31］Kallberg J G, Udell G F. The Value of Private Sector business Credit Information Sharing: The US Case［J］. Journal of Banking & Finance, 2003, 27(3): 449–469.

［32］Karapetyan A, Stacescu B. Information Sharing and Information Acquisition in Credit Markets［J］. Review of Finance, 2014, 18(4): 1583–1615.

［33］King R G, Levine R. Finance and Growth: Schumpeter Might Be Right［J］. The Quarterly Journal of Economics, 1993, 108(3): 717–737.

［34］King R G, Levine R. Finance, Entrepreneurship and Growth: Theory and Evidence［J］. Journal of Monetary Economics, 1993(32): 513–542.

［35］Klein D B. Promise Keeping in the Great Society: A Model of Credit Information Sharing［J］. Economics & Politics, 1992, 4(2): 117–136.

［36］Korkeamäki T, Pöyry S, Suo M. Credit Ratings and Information Asymmetry on the Chinese Syndicated Loan Market［J］. China Economic Review, 2014(31): 1–16.

［37］Leland H E, Pyle D. Information Asymmetries, Financial Structure, and Financial Intermediation［J］. Journal of Finance, 1977(32):371–387.

［38］Levine R. Finance and Growth: Theory and Evidence［J］. Handbook of Economic Growth, 2005(1): 865–934.

［39］Levine R. Law, Finance, and Economic Growth［J］. Journal of Financial Intermediation, 1999, 8(1–2): 8–35.

［40］Love I, Mylenko N. Credit Reporting and Financing Constraints［M］.

World Bank Publications, 2003.

[41] Lu C W, Chen T K, Liao H H. Information Uncertainty, Information Asymmetry and Corporate Bond Yield Spreads [J]. Journal of Banking & Finance, 2010, 34(9): 2265-2279.

[42] Merton R C, Bodie Z. Design of Financial Systems: Towards A Synthesis of Function and Structure [M]. The World of Risk Management, 2006: 1-27.

[43] Merton R C. on The Pricing of Corporate Debt: The Risk Structure of Interest Rates [J]. The Journal of Finance, 1974, 29(2): 449-470.

[44] Miller M J. Credit Reporting Systems and the International Economy [M]. MIT Press, 2003.

[45] Miller M. Credit Reporting Systems Around the Globe: The State of the Art in Public and Private Credit Registries [A]//World Bank. Presented at the Second Consumer Credit Reporting World Conference, Held in San Francisco, California, October, 2000.

[46] Minetti R, Zhu S C. Credit Constraints and Firm Export: Microeconomic Evidence from Italy [J]. Journal of International Economics, 2011, 83(2): 109-125.

[47] Morgan J P, Credit MetricsTM-Technical Document [M]. New York, April, 1997.

[48] Oecd. Report on the cross-border enforcement of privacy laws[J]. OECD. 2006.1-42.

[49] Oecd, Guidelines on the Protection of Privacy and Transponder Flows of Personal Data, Adopted by The OECD Council, Paris, 23 September 1980, Preface.

[50] Padilla A J, Pagano M. Endogenous Communication Among Lenders and Entrepreneurial Incentives [J]. The Review of Financial Studies, 1997, 10(1): 205-236.

[51] Padilla A J, Pagano M. Sharing Default Information as A Borrower Discipline Device [J]. European Economic Review, 2000, 44(10): 1951-1980.

[52] Pagano M, Jappelli T. Information Sharing in Credit Markets [J]. The Journal of Finance, 1993, 48(5): 1693-1718.

[53] Pinheiro A C, Cabral C. Credit markets in Brazil: the role of judicial enforcement and other institutions [M].Credit markets in Brazil: the role of judicial enforcement and other institutions. 2013: 24-24.

[54] Ramalho R, Jiang N, Koltko O, et al. Improving Access to Finance for SMES:

Opportunities Through Credit Reporting, Secured Lending, and Insolvency Practices [J]. The World Bank, Washington, Dc, 2018.

[55] Rasmusen Eric. Game and Information: An Introduction to Game Theory. Cambridge: Blackwell Publisher, 1994.

[56] Ravi R, Hong Y. Firm Opacity and Financial Market Information Asymmetry [J]. Journal of Empirical Finance, 2014(25): 83–94.

[57] Rothschild M, Stiglitz J. Equilibrium in Competitive Insurance Markets: An Essay on the Economics of Imperfect Information [J]. The Quarterly Journal of Economics, 1976: 630–649.

[58] Shleifer A, Djankov S, Mcliesh C. Private Credit in 129 Countries? [R]. 2007.

[59] Spence A M. Market Signaling [M]. Harvard University Press, 1974

[60] Spence M. Job Market Signaling[J]. The Quarterly Journal of Economics, 1973, 87(3): 355–374.

[61] Stiglitz J E, Weiss A. Credit Rationing in Markets With Imperfect Information [J]. The American Economic Review, 1981, 71(3): 393–410.

[62] The European Parliament and The Council of the European Union. Regulation (Eu) 2016/679 (General Data Protection Regulation)[EB/OL].

[63] Turner M A, Varghese R, Walker P D. US Consumer Credit Reports: Measuring Accuracy and Dispute Impacts [J]. Policy and Economic Research Council (Perc), 2011.

[64] Turner M A, Walker P D, Chaudhuri S, et al. A New Pathway to Financial Inclusion: Alternative Data, Credit Building, and Responsible Lending[J]. The Policy & Economic Research Council (PERC). 2012.1–24.

[65] Vercammen J A. Credit Bureau Policy and Sustainable Reputation Effects in Credit Markets [J]. Economica, 1995: 461–478.

[66] Williamson S D. Costly Monitoring, Loan Contracts, and Equilibrium Credit Rationing [J]. The Quarterly Journal of Economics, 1987, 102(1): 135–145.

[67][德]卡尔·拉伦茨.德国民法通论 [M].王晓晔等译.北京：法律出版社，2003.

[68][德]尼古拉·杰因茨.金融隐私——征信制度的国际比较 [M].万存知译.北京：中国金融出版社，2009.

[69]艾茜.个人征信法律制度研究 [D].中国政法大学，2006.

［70］艾茜.个人征信法律制度研究［M］.北京：法律出版社，2008.

［71］白春乐.个人征信体系建设的国际比较与借鉴［J］.西安邮电学院学报，2009，14（6）：91-93.

［72］白云.个人信用信息法律保护研究［M］.北京：法律出版社，2013.

［73］白云.个人征信体系的法经济学基础［J］.法学论坛，2013，28（2）：74-78.

［74］白云.个人征信体系中知情权与信息隐私权平衡的原则［J］.山西省政法管理干部学院学报，2007（4）：18-20.

［75］白云.信息社会中个人信用信息的财产法保护［J］.未来与发展，2012，35（10）：92-96.

［76］北京大学ACOM金融信息化研究中心.日俄个人征信相关法规汇编［M］.北京：经济日报出版社，2008.

［77］卜晓颖.个人征信法律亟待完善［J］.人民论坛，2018（31）：92-93.

［78］蔡旭.以社会信用数据为核心的新型市场监管机制研究［J］.厦门特区党校学报，2017（2）：30-34.

［79］曹威.人民银行征信监管现状及问题分析——基于博弈论等管理学视角［J］.征信，2016，34（6）：26-29.

［80］曾光辉.促进我国信用服务业发展的思路研究［J］，现代经济信息，2016（10）：360-363.

［81］曾江.域外个人信息隐私权保护及对我国征信立法的启示［J］.法学杂志，2009，30（4）：87-89.

［82］柴瑞娟.法国金融法律监管机构的重整与强化［J］.武汉大学学报（哲学社会科学版），2013，66（5）：110-115.

［83］柴艳萍.解读马克思的信用观——兼论诚信与信用之关系［J］.科学社会主义，2013（4）：92-95.

［84］陈吉栋.个人信息的侵权救济［J］.交大法学，2019（4）：40-53.

［85］陈健.信用报告制度的完善及身份窃取行为的预防［J］.法律科学（西北政法大学学报），2011，29（6）：129-136.

［86］陈凌云.论"违约方获益"之归属［J］.法律科学（西北政法大学学报），2018，36（4）：137-145.

［87］陈实.个人征信体系国际比较及其启示［J］.金融论坛，2012，17（10）：75-80.

［88］陈新年.信用论［M］.北京：经济科学出版社，2018.

［89］陈禹衡.《个人信息保护法》视角下征信合规体系构建［J］.上海金融，2022（1）：23-30.

［90］陈志.我国大数据征信发展现状及对征信监管体系的影响［J］.征信，2016，34（8）：47-50.

［91］单建军.国际视角下的中国信用修复机制建设［J］.征信，2020，38（10）：28-34.

［92］党玺.金融消费者隐私权法律问题研究：以银行业个人客户金融隐私权保护为中心［M］.北京：法律出版社，2017.

［93］党玺.欧美金融隐私保护法律制度比较研究［J］.国际经贸探索，2008（9）：44-49.

［94］邓建鹏.个人征信业监管政策改革的法制思考［J］.暨南大学学报（哲学社会科学版），2022，44（4）：48-56.

［95］翟泉明.基层央行防范征信系统信息泄露探析［J］.征信，2017，35（4）：57-59.

［96］翟相娟.个人征信法律关系研究［M］.上海：上海三联书店，2018.

［97］翟相娟.论个人征信中信息主体与征信机构间的权益平衡［J］.首都师范大学学报（社会科学版），2023（1）：170-179.

［98］翟羽艳.我国隐私权法律保护体系存在的问题及其完善［J］.学习与探索，2019（10）：80-84.

［99］丁晓东.《个人信息保护法》的比较法重思：中国道路与解释原理［J］.华东政法大学学报，2022，25（2）：73-86.

［100］丁晓东.个人信息公私法融合保护的多维解读［J］.法治研究，2022（5）：14-25.

［101］丁元.征信管理发展趋势研究［J］.法制博览，2021（21）：48-49.

［102］杜微.论我国征信法律制度的建立［J］.当代法学，2002（9）：18-21.

［103］范水兰.经济法权利研究［M］.北京：法律出版社，2014.

［104］房绍坤，曹相见.论个人信息人格利益的隐私本质［J］.法制与社会发展，2019，25（4）：99-120.

［105］冯春晓.关于德国社会信用体系建设模式的若干思考［J］.北方经济，2014（8）：77-79.

［106］冯雨晴，谭雅文.央行征信系统数据质量管理问题探讨［J］.征信，2022，40（10）：35-38

［107］逄锦聚等.政治经济学［M］.北京：高等教育出版社，2014.

［108］付慧姝，刘言波．征信立法应遵循哪些基本原则［J］.人民论坛，2017（8）：110-111.

［109］付玲．法国数据监管机构 CNIL 发布"2022—2024 年战略计划"［J］.互联网天地，2022（3）：59.

［110］甘泉，吴晓亮．对互联网征信监管方式的探析［J］.时代金融，2018（17）：25+29.

［111］高克州，王娟．国内外个人数据保护的比较研究——以《征信业管理条例》为视角［J］.征信，2013，31（10）：45-47.

［112］高燕．简论我国征信立法原则［J］.四川理工学院学报（社会科学版），2009，24（4）：70-72.

［113］戈志武．我国征信业高质量发展的思路和对策研究［J］.海南金融，2019（11）：75-81.

［114］耿得科，张旭昆．台湾征信业研究［J］.征信，2011，29（6）：69-73.

［115］耿德科，张旭昆，征信系统对银行不良贷款率的抑制作用［J］.上海经济研究，2011（7），35-44.

［116］关建中．信用思想选集［M］.北京：人民日报出版社，2017.

［117］郭斐，漆世濠．征信业务行政处罚自由裁量规范机制研究［J］.金融与经济，2019（4）：89-92.

［118］郭瑜．个人数据保护法研究［M］.北京：北京大学出版社，2012.

［119］韩家平．关于加强我国市场信用机制建设的政策建议［J］.征信，2017，35（4）：12-16.

［120］韩家平．美国信用信息服务业的发展及其借鉴意义［J］.国际经济合作，2012（7）：65-69.

［121］韩旭至．个人信息的法律界定及类型化研究［M］.北京：法律出版社，2018.

［122］洪海林．个人信息的民法保护研究［M］.北京：法律出版社，2010.

［123］胡大武．征信立法几个重大问题分析——以地方立法为考察对象［J］.上海金融，2011（1）：94-100.

［124］胡大武等．征信法律制度研究［M］.北京：法律出版社，2012.

［125］胡燕．征信合规风险评估和监管模式探究——以马鞍山市为例［J］.征信，2018，36（11）：33-37.

［126］黄锦宁，南士敬．互联网征信发展与个人信息保护问题探讨［J］.征信，2023，41（1）：65-69.

［127］黄卓．互联网金融时代中国个人征信体系建设研究［M］．北京：中国社会科学出版社，2018．

［128］纪红勇．浅谈破产重整程序中债权人的知情权［J］．法律适用，2012（11）：36–39．

［129］贾玉红．完善我国征信业法律规制之分析与思考［J］．中国信用，2021（8）：116–120．

［130］江宇，沈凯蓉，蓝杭辉．Facebook 信息泄露事件影响及对我国征信监管的启示［J］．征信，2018，36（11）：66–70．

［131］江洲．中国人民银行基层行对金融机构征信非现场监管问题研究［J］．征信，2015，33（12）：19–22．

［132］姜盼盼．大数据时代个人信息保护研究综述［J］，图书情报工作，2019，63（15）：140–148．

［133］蒋红珍.《个人信息保护法》中的行政监管［J］.中国法律评论，2021（5）：48–58．

［134］焦国成主编．中国社会信用体系建设的理论与实践［M］．北京：中国人民大学出版社，2009．

［135］金海卫．信息管理的理论与实践［M］．北京：高等教育出版社，2006．

［136］京东法律研究院．欧盟数据宪章：《一般数据保护条例》GDPR 评述及实务指引［M］．北京：法律出版社，2018．

［137］孔丹霞．法国国家主导型市场经济体制探析［J］.世界经济，1997（3）：32–35．

［138］孔婷．对搭建我国征信行业自律组织的路径思考［J］．西部金融，2017（2）：94–97．

［139］类延村，李玉玲．我国社会征信体系整体性建构与覆盖式发展［J］．征信，2021，39（7）：23–31．

［140］李爱君，苏桂梅．国际数据保护规则要览［M］．北京：法律出版社，2018．

［141］李步云，高全喜主编．马克思主义法学原理［M］．北京：社会科学文献出版社，2014．

［142］李朝晖．个人征信法律问题研究［M］．北京：社会科学文献出版社，2008．

［143］李朝晖．个人征信中信息主体权利的保护——以确保信用信息公正准确性为核心［J］．法学评论，2008（4）：31–36．

［144］李辰，刘玫.从英美银行牌照管制看我国个人征信机构准入监管［J］.征信，2017，35（9）：70-72.

［145］李锋.社会主体信用奖惩机制研究［M］.北京：中国社会科学出版社，2017.

［146］李怀玉.对会员制征信的思考与建议［J］.征信，2017，35（7）：41-43.

［147］李卉，国佳宁，李前.GDPR下法国与比利时的个人数据保护监管实践与启示——基于信息生态系统理论［J］.国际经济法学刊，2022（3）：17-27.

［148］李俊丽.我国个人征信体系的构建与应用研究［D］.山东农业大学，2007.

［149］李俊丽.中国个人征信体系的构建与应用研究［M］.北京：中国社会科学出版社，2010.

［150］李俊丽，王家传.美国个人征信体系的经验及其借鉴［J］.金融理论与实践，2006（9）：72-75.

［151］李理，扬名杰，段维明.《征信业管理条例》的局限性［J］.银行家，2015（2）：121-123.

［152］李谦.私力救济及其法律规制探讨［J］.广西政法管理干部学院学报，2018，33（4）：111-116.

［153］李清池.法律、金融与经济发展：比较法的量化进路及其检讨［J］.比较法研究，2007（6）：60-72.

［154］李清池，郭雳.信用征信法律框架研究［M］.北京：经济日报出版社，2008.

［155］李生龙，陈德贵.应关注个人征信系统非恶意失信记录占比过高问题［J］.中国金融，2009（21）：82.

［156］李文博.个人征信权益民法保护研究［D］.上海师范大学，2021.

［157］李向华，江洲，周莉.公共信用信息分类方法研究［J］.标准科学，2018（12）：113-116.

［158］李晓安等.社会信用法律制度体系研究［M］.北京：社会科学文献出版社，2013.

［159］李筱.对征信监管现状的分析与思考［J］.时代金融，2017（27）：107，111.

［160］李新庚.社会信用体系运行机制研究［M］.北京：中国社会出版社，2017.

［161］李新天，朱琼娟．论"个人信用权"——兼谈我国个人信用法制的构建［J］．中国法学，2003（5）：94-102.

［162］李怡．个人一般信息侵权裁判规则研究——基于68个案例样本的类型化分析［J］．政治与法律，2019（6）：150-161.

［163］李振东．我国征信法的经济法解读［J］．河南财政税务高等专科学校学报，2011，25（6）：27-28.

［164］梁松江，袁磊．对接入机构贯彻落实征信监管新规的几点思考［J］．时代金融，2018（32）：44-45.

［165］梁松江．互联网平台的征信监管问题研究［J］．金融科技时代，2021，29（11）：50-53，72.

［166］廖理．美国个人征信业的发展阶段和制度建设［J］．人民论坛，2019（21）：110-112.

［167］廖理．我国个人征信业发展现状及思考［J］．人民论坛，2019（20）：76-77.

［168］林江鹏，冉光和，唐齐鸣．市场主体信用关系运行机制研究［J］．金融理论与实践，2006（1）：7-9.

［169］林铁钢．征信概论［M］．北京：中国金融出版社，2012.

［170］零壹财经·零壹智库．金融基石：全球征信行业前沿［M］．北京：电子工业出版社，2018.

［171］刘风景．社会主义核心价值观入法的理据与方式［J］．当代世界与社会主义，2017（4）：28-36.

［172］刘进一．互联网金融：模式与新格局［M］．北京：法律出版社，2016.

［173］刘李明．我国征信立法效用的法理分析［J］．黑龙江金融，2014（11）：53-55.

［174］刘荣，孟灿霞．欧盟国家征信行业监管框架研究［J］．金融纵横，2011（10）：69-72.

［175］刘肖原等．我国社会信用体系建设问题研究［M］．北京：知识产权出版社，2016.

［176］刘新海．百行征信与中国征信的未来［J］．清华金融评论，2018（11）：100-102.

［177］刘新海．专业征信机构：未来中国征信业的方向［J］．征信，2019，37（7）：12-18.

［178］刘煜．个人征信中的民事权利保护研究［D］．南昌大学，2020.

［179］龙海明，王志鹏.征信系统、法律权利保护与银行信贷［J］.金融研究，2017（2）：117-130.

［180］卢克贞.征信立法：信用权的保护与征信权的规范［J］.武汉金融，2007（4）：44-45.

［181］卢向东."控制—功能"关系视角下行业协会商会脱钩改革［J］.国家行政学院学报，2017（5）：71-77，146.

［182］卢智睿.个人征信信息主体的维权途径研究［J］.南方金融，2015（10）：44+96-102.

［183］罗艾筠.个人征信法律关系与信用信息之上的法律权利［J］.金融理论与实践，2016（10）：76-81.

［184］罗培新.遏制公权与保护私益社会信用立法论略［J］.政法论坛，2018，36（6）：170-180.

［185］罗培新.社会信用法：原理·规则·案例［M］.北京：北京大学出版社，2018.

［186］吕雅茹.我国个人征信监管法律制度的研究［D］.华中科技大学，2020.

［187］马特.权利冲突解决机制的整体构建［J］.国家行政学院学报，2013（2）：53-58.

［188］马长林.旧中国征信机构发展始末［J］.中国档案，2002（4）：11-13.

［189］马长林.联合征信所及其征信事业［J］.档案与史学，1994（3）：44-46.

［190］梅根·考克斯.个人征信原则与大数据应用［J］.中国金融，2017（11）：21-22.

［191］彭诚信，向秦."信息"与"数据"的私法界定［J］.河南社会科学，2019，27（11）：25-37.

［192］彭麟添.区块链技术应用于个人征信制度研究［J］.征信，2019，37（12）：48-53.

［193］彭星.欧盟《一般数据保护条例》浅析及对大数据时代下我国征信监管的启示［J］.武汉金融，2016（9）：42-45.

［194］齐爱民.大数据时代个人信息保护法国际比较研究［M］.北京：法律出版社，2015.

［195］齐爱民.论信息财产的法律概念和特征［J］.知识产权，2008（2）：23-27.

［196］邱峰艳.征信监督管理的国际比较与借鉴［J］.征信，2010，28（5）：63-66.

［197］沈宗灵.法理学（第三版）［M］.北京：北京大学出版社，2009.

［198］盛小平，唐筠杰.我国个人信息权利与欧盟个人数据权利的比较分析：基于《个人信息保护法》与 GDPR［J］.图书情报工作，2022，66（6）：26-33.

［199］石新中.论信用概念的历史演进［J］.北京大学学报（哲学社会科学版），2007（6）：120-126.

［200］石新中.论信用信息公开［J］.首都师范大学学报（社会科学版），2008（2）：61-72.

［201］时诚.个人信用信息上的利益结构及其民法保护［J］.征信，2021，39（9）：43-50.

［202］宋湘燕，巴晶铝.美国个人征信市场发展［J］.中国金融，2017（4）：81-82.

［203］宋哲泉，侯力冉.美国信用修复相关情况综述［J］.现代管理科学，2019（2）：70-72.

［204］苏倩.中国人民银行个人征信监管保护研究［D］.内蒙古大学，2022.

［205］孙建国.论上海成为中国近代征信事业中心地位之形成［J］.上海经济研究，2004（7）：71-77.

［206］孙江华，王锦云.从监管侧视角谈未接入机构的征信监管［J］.征信，2018，36（1）：25-27.

［207］谭九生.职业协会惩戒权边界之界定［J］.法学评论，2011，29（4）：84-92.

［208］唐明琴，叶湘榕.《征信业管理条例》与欧美征信法律的比较及影响分析［J］.南方金融，2013（5）：7-10.

［209］唐琦，田喜辉.《个人信息保护法》对征信业发展影响研究［J］.征信，2023，41（1）：60-64.

［210］田丰，夏远航.我国征信市场信息披露制度的完善：基于国内金融行业监管比较视角［J］.西南金融，2019（3）：71-79.

［211］万存知.个人信息保护与个人征信监管［J］.中国金融，2017（11）：16-18.

［212］万存知.何为征信（上）［J］.征信，2009，27（4）：1-4.

［213］万存知.何为征信（下）［J］.征信，2009，27（5）：1-9.

［214］万存知.信用的模糊与清晰［J］.金融博览，2017（6）：40-41.

［215］万存知 . 征信体系的共性与个性［J］. 中国金融，2017（1）：40-42.

［216］万存知 . 征信业的探索与发展［M］. 北京：中国金融出版社，2018.

［217］汪秋萍，崔强，梁鹏，周超 . 基层央行风险导向型征信监管模式的实践与思考［J］. 征信，2018，36（5）：13-17.

［218］王成 . 个人信息民法保护的模式选择［J］. 中国社会科学，2019（6）：124-146，207.

［219］王建刚 . 完善我国征信信息主体投诉制度探究［J］. 西南金融，2016（11）：62-66.

［220］王建明 . 我国基础信用信息共享机制的问题及对策［J］. 情报杂志，2004，23（5）：3.

［221］王剑 . 个人信用信息存储时限立法问题研究［J］. 金融理论与实践，2009（2）：78- 80.

［222］王静 . 国家治理现代化的法治逻辑［M］. 北京：中共中央党校出版社，2017.

［223］王俊山 . 西班牙个人征信市场监管及其启示［J］. 征信，2015，33（8）：59-61.

［224］王坤 . 财产、契约与企业：商事信用形成的法理分析［M］. 北京：法律出版社，2012.

［225］王黎平，邹巧宜，衷卫平 . 美国个人征信业的监管经验及启示［J］. 征信，2016，34（8）：69-72.

［226］王利明 .《个人信息保护法》的亮点与创新［J］. 重庆邮电大学学报（社会科学版），2021，33（6）：1-13.

［227］王利明 . 人格权法研究［M］. 北京：中国人民大学出版社，2005.

［228］王利明主编 . 民法（第五版）［M］. 北京：中国人民大学出版社，2010.

［229］王融 . 大数据时代：数据保护与流动规则［M］. 北京：人民邮电出版社，2017.

［230］王婉芬 .《征信业管理条例》实施中存在的问题及建议［J］. 征信，2013，31（12）：28-30.

［231］王伟，熊文邦 . 我国信用服务业分类规制研究［J］. 征信，2019a，37（12）：9-16.

［232］王伟 . 社会信用法论纲——基于立法专家建议稿的观察与思考［J］. 中国法律评论，2021（1）：113-124.

［233］王伟 . 失信惩戒的类型化规制研究——兼论社会信用法的规则设计［J］.

中州学刊，2019b（5）：43-52.

［234］王伟. 市场监管的法治逻辑与制度机理——以商事制度改革为背景的分析［M］. 北京：法律出版社，2016.

［235］王伟等. 法治：自由与秩序的平衡［M］. 广州：广东教育出版社，2012.

［236］王伟等. 企业信息公示与信用监管机制比较研究——域外经验与中国实践［M］. 北京：法律出版社，2020.

［237］王卫国. 过错责任原则：第三次勃兴［M］. 北京：中国法制出版社，2000.

［238］王希军，李士涛. 基于征信视角的 P2P 行业风险防范研究［J］. 征信，2014，32（8）：31-33.

［239］王晓明. 征信体系构建：制度选择与发展路径［M］. 北京：中国金融出版社，2015.

［240］王新红. 行业协会对社会信用的影响中国问题及其法律解决［J］. 东南学术，2019（4）：224-231.

［241］王秀哲. 信息社会个人隐私权的公法保护研究［M］. 北京：中国民主法制出版社，2017.

［242］文川. 我国征信立法：近期文献综述［J］. 征信，2013，31（6）：44-47.

［243］吴晶妹，刘宏涛. 发挥信用服务机构在地方信用体系建设中的作用［J］. 征信，2017，35（7）：8-10

［244］吴晶妹. 2019 年，征信业从哪里出发？［J］. 征信，2019，37（1）：1-6.

［245］吴晶妹. 思考与展望：建设高质量现代化征信体系［J］. 征信，2023，41（1）：1-5.

［246］吴晶妹. 信用立法思考：我国未来三大信用法［J］. 法学杂志，2022，43（3）：85-98.

［247］吴琪，王秋香. 美国个人信用修复的做法及启示［J］. 北方金融，2015（7）：76-80.

［248］武迪，武传利. 英国个人征信的经验及对我国的启示［J］. 金融纵横，2009（8）：49-52.

［249］熊鹏翀，纪洋，朱孟楠. 征信制度建设与企业融资约束［J］. 国际金融研究，2022（4）：23-33.

［250］熊文邦. 个人征信法律机制研究［D］. 中共中央党校，2020.

［251］徐金宇.个人征信泛化的法律规制［D］.扬州大学，2021.

［252］徐龙，张葳.治理我国"征信修复"乱象的几点思考［J］.征信，2022，40（12）：50-53.

［253］徐启昌.中美征信市场比较［J］.中国金融，2015（21）：54-55.

［254］徐胜强.论股份有限公司债权人知情权［J］.法学，2002（9）：67-70.

［255］徐苏江，姬明.征信立法的国际比较及对我国的启示［J］.征信，2009，27（4）：48-50.

［256］闫海，张天金.基于金融隐私权保护的个人信用征信立法研究［J］.征信，2012，30（4）：36-41.

［257］杨光.美国征信法律立法变迁的借鉴［J］.华北金融，2016（12）：47-50，70.

［258］杨柳.构建我国征信法律制度框架的思考［J］.武汉金融，2010（9）：27-29.

［259］杨岩，许小雨.我国身份盗用信息主体信用修复机制建设探析［J］.征信，2017，35（1）：41-43.

［260］姚佳.个人金融信用征信的法律规制［M］.北京：社会科学文献出版社，2012.

［261］姚前等.征信大数据：理论与实践［M］.北京：中国金融出版社，2018.

［262］叶名怡.论个人信息权的基本范畴［J］.清华法学，2018，12（5）：143-158.

［263］叶世清.征信的法理与实践研究［M］.北京：法律出版社，2010.

［264］叶治杉.我国征信体系建设发展障碍与战略对策——基于美国经验的考察与借鉴［J］.西南金融，2021（5）：89-96.

［265］张丽.美国现代个人征信法律制度研究［D］.安徽大学，2019.

［266］张凌云.有限公司债权人知情权的法定化［J］.河北法学，2015，33（1）：166-173.

［267］张民全.论权利的不确定性及其多元应对［J］.河南财经政法大学学报，2019，34（1）：13-21.

［268］张鹏.个人信用信息的收集、利用和保护［M］.北京：中国政法大学出版社，2012.

［269］张鹏.个人征信语境下的信用权问题［J］.浙江工商大学学报，2014（1）：58-64.

［270］张薇，池建新．美欧个人信息保护制度的比较与分析［J］．情报科学，2017，35（12）：115-119，128．

［271］张维迎．博弈论与信息经济学［M］．上海：上海人民出版社，2004．

［272］张维迎．信息、信任与法律［M］．北京：生活·读书·新知三联书店，2003．

［273］张文博，宋国军．美国个人征信市场化运作特点、监管措施及对我国的启示［J］．华北金融，2015（5）：35-37．

［274］张亚蕾．个人信用修复机制：美国案例［J］．金融纵横，2017（9）：74-79．

［275］张忠军．金融业务融合与监管制度创新［M］．北京：北京大学出版社，2007．

［276］张忠军．征信法律制度中的政府角色［J］．法学，2005（9）：92-98．

［277］章政．完善与我国市场经济相适应的现代征信体系［J］．中国党政干部论坛，2019（7）：80-81．

［278］赵炳昊．个人信息保护法颁布后征信体系的调整与完善［J］．东方法学，2022（3）：43-54．

［279］赵万一，胡大武．信用权保护立法研究［J］．现代法学，2008（2）：163-171．

［280］赵旭东．黑名单制度［M］．北京：中国法制出版社，2018．

［281］赵以邗，金波，张斌．推动中国特色个人征信市场高质量发展的几点思考［J］．武汉金融，2023（2）：23-28，36．

［282］郑成思，朱谢群．信息与知识产权（续）［J］．西南科技大学学报（哲学社会科学版），2006（2）：1-10，23．

［283］中国人民银行成都分行征信管理处课题组，杨宇焰．金融科技背景下个人征信权益保护研究［J］．西南金融，2019（1）：3-17．

［284］中国人民银行杭州中心支行课题组，徐子福．个人征信信息主体权益保护问题研究［J］．征信，2018，36（4）：26-31．

［285］中国人民银行南昌中心支行课题组，胡平波．我国征信监管标准建设的国际借鉴及启示［J］．征信，2015，33（2）：50-55．

［286］中国人民银行南宁中心支行课题组，周元元．征信业务中的个人隐私权保护研究［J］．征信，2013，31（3）：31-34．

［287］中国行为法学会企业治理研究分会．中国企业信用建设报告（2018—2019）［M］．北京：中国法制出版社，2020．

［288］中国行为法学会企业治理研究会. 中国企业信用建设报告 2016［M］. 北京：中国法制出版社，2017.

［289］周汉华. 个人信息保护前沿问题研究［M］. 北京：法律出版社，2006.

［290］周晚香. 论个人征信信息立法的必要性及其原则［J］. 求索，2008（6）：158–159，226.

［291］周显志，夏少敏. 英美消费信贷法律制度的历史考察［J］. 消费经济，2000（2）：41–45.

［292］庄志龄. 中国第一家官办征信机构联合征信所的兴衰［J］. 民国档案，2005（2）：80–86.

［293］卓泽渊. 法的价值论（第三版）［M］. 北京：北京大学出版社，2018.

［294］邹丹莉. 个人征信业务的边界探析——《征信业务管理办法》解读［J］. 数据法学，2022，2（1）：153–161.

［295］邹芳莉. 美国征信立法对信用信息主体权益的保护及启示［J］. 征信，2012，30（2）：53–56.

［296］邹芳莉. 欧盟国家征信立法中对信用信息主体权益的保护及启示［J］. 西南石油大学学报（社会科学版），2012，14（4）：37–41.

后 记

　　个人征信是国家征信体系中的重要组成部分，良好的个人征信体系不仅对促进经济循环高效畅通具有重要意义，也对我国社会信用建设具有举足轻重的作用。尽管我国个人征信建设起步较晚，但发展较为快速，截至目前，已逐渐形成"国家＋市场"的双轨制运行机制，虽然个人征信法律制度框架和监管体系逐渐确立，但个人征信监管机制在快速发展中也面临诸多亟待解决的难题。本书通过对国内外个人征信监管机制的比较，总结出征信较为发达国家个人征信监管机制的发展规律，进而提出解决我国个人征信监管机制的建议与对策。

　　2023年3月，我国金融监管体系迎来了新的改革。中共中央、国务院印发《党和国家机构改革方案》，涉及金融监管体系的最新调整。其中既包括组建中央金融委员会、中央金融工作委员会、国家金融监督管理总局，又包括深化地方金融监管体制改革，还涉及中国证券监督管理委员会调整为国务院直属机构，以及统筹推进中国人民银行分支机构改革等重大举措，这意味着我国正在加快构建完备有效的现代金融监管体系。现有金融监管体系改革对我国个人征信监管机制建设提出了更高的要求，在个人征信监管的法律制度协调、横向监管协同和央地纵向协同等方面将会产生更加深远的影响。

　　由于时间紧张，本书未对最新金融监管体系改革背景下的个人征信监管机制进行更深一步的探讨，这也成为本书的一个遗憾。笔者后续将继续研究该改革背景下的我国个人征信监管机制，以期产生更多有价值的成果。

　　最后，感谢一路指导过我的各位导师，感谢老师们对我的耐心指导与启发帮助。还要感谢我的父母家人对我的无私关爱与辛苦付出，给予了我面对各种压力的无限勇气和不竭动力。更要感谢经济管理出版社任爱清编辑及校对人员的辛勤付出，是她们的努力促使本书得以顺利出版。

刘　超

2023年10月16日